말을 잘 하는 법?
3M 법칙만 기억하라

말을 잘 하는 법?
3M 법칙만 기억하라

이주진 지음

출판
이안

추천사

스피치, 프레젠테이션 전문가들이 1순위로 추천하는 책!
빛나는 말, 비추는 말 이주진의 선샤인 스피치!

성우 배한성

말에 대한 명언은 참 많다. 그만큼 말하는 것이 중요한데 제대로 말하기는 쉽지 않다는 뜻 아니겠는가. "무엇을 말해야 좋을지 모를 때는 진실을 말하라." 마크 트웨인의 말이다. 하지만 지당하신 말씀들은 원론적이고 교과서적이다. 그래서 이주진 교수의 이 책을 자꾸 읽게 된다. 화술에서 매우 중요한 디테일을 정성껏 담아 놓았다. 일반적인 오해(?)중에 방송하는 사람들은 말재주를 타고난 것으로 아는데 그렇지 않다. 누구랄 것 없이 잘하려고 치열하게 노력하고 있다. 나부터 이 책으로 열공할 것이다.

OBM스피치커뮤니케이션 대표 김효석

누구나 요리를 한다. 훌륭한 세프는 요리로 사람을 감동시킨다. 누구나 말을 한다. 말 한 마디로 감동을 주는 이는 얼마나 될까? 요리를 잘 하려면 좋은 레시피로 배워야 한다. 이 책은 요리를 쉽고 맛있게 만드는 법을 가르쳐주는 레시피처럼 말 잘 하는 방법을 아주 쉽고 재밌게 따라 배울 있도록 가르쳐준다. 최고의 세프가 최고의 레시피를 만든 것처럼, 최고의 스피치 고수가 최고의 스피치 책을 만들었다. 이 책을 통해 우리 모두 말 잘하는 세프가 되었으면 한다.

대전MBC 보도국 부장 이상헌

진부한 스피치이론이 아닌, 강의 현장에서의 경험한 풍부한 에피소드가 사례로 제시되어 쉽고 재미있게 읽힌다. 스피치를 전혀 모르는 사람들에게는 이 한 권만으로도, 말을 잘 하려면 어떻게 해야 하는지 오래 기억할 수 있는 스피치 입문서로 매우 유용한 책이라 생각한다. 또한 스피치 강사나 남을 가르치는 사람들이 강의에 접목시킬 만한 좋은 예시와 잘 정돈된 기법들이 풍부하여 꼭 한번 읽을 만한 스피치 교과서로 권하고 싶다.

봄온 아나운서아카데미 대표 성연미

말의 경쟁력을 갖고 싶은 분들께 자신 있게 일독을 권한다. 발표수업과 취업면접, 승진시험, 회의진행 등 스피치 경쟁력이 필요한 어디서나 유용하게 활용할 수 있는 책이다. 이 책을 통해 자신있게 자신의 생각을 펼치는 마음자세부터 구체적 방법까지 터득해보자. 자신감 넘치는 삶을 얻게 될 것이다.

쇼호스트 송희영

탁월한 보이스와 스피치 코치 능력을 가진 그녀의 말 잘하는 노하우가 고스란히 담겨 있다. 최연소 커리어 그랜드 슬램을 달성한 골프선수 타이거 우즈의 뒤에는, 그에게 명쾌한 진단을 내려주는 코치가 있었다. 방송인 양성의 미다스의 손이라 불리는 이주진 교수의 강의는 항상 빈자리가 없다. 그녀만의 교육에 대한 명확한 철학과 수천 시간의 코칭경험으로 쌓은 노하우를 쉽고 간결하게 잘 정리해 놓았다.

SBS스포츠 캐스터 이재형

처음 이주진 아나운서가 말을 잘 할 수 있는 책을 냈다고 했을 때 기대감이 있었다. '과연 어떠한 말하기 테크닉을 독자들께 전수할까?' 라는 기술적인 방법에 대한 기대감이었다. 무엇보다 더 큰 기대감은 '이주진 아나운서의 평소 착한 심성이 어떻게 말하기 테크닉으로 접목되었을까?' 였다. 독자들에게 진심으로 다가가는 필자의 마음과 말하기 테크닉을 향상시키는 두 가지의 모습이 이 책에 잘 담겨있다. '진정한 마음의 울림이 말을 잘 할 수 있다' 는 진리와 그를 바탕으로 한 테크닉을 조금만 익힌다면 누구나 말 잘 하는 고수가 될 수 있다는 믿음을 확인할 수 있을 것이다.

배우 지안

　초등학교부터 죽마고우인 나는, 주진이를 여러 가지 칭호로 부른다. 강사, 교수, 아나운서, 스피치 전문가 등. 말로 하는 직업을 가지고 성공한 스피치 전문가로 맹활약하고 있지만 주진이 스스로는 언변능력은 타고난 게 아니라 한다. 누구나 갈고 닦으면 잘 할 수 있다고 한다. 목소리와 스피치에 대한 부단한 공부와 연구 노력 끝에 지금의 전문가가 되었다는 것이다. 나는 주진이가 말을 잘하기 원하는 사람들의 마음을 알고 명쾌하게 고민을 해결해 줄 수 있다고 믿고 있다. 남들 앞에 서서 표현력을 갖춰야 하는 연기자 친구들에게 단연 제일 먼저 이 책을 선물하고 싶다.

햇살처럼 빛나는 말을 위하여

1.

시부모님께서 티벳 버섯에서 추출한 유산균을 주셨다. 손톱만한 아주 작은 크기인데, 우유에 넣은 뒤 상온에서 하루 이틀 보관하니까 우유가 맛있는 요구르트로 변했다.

"아하!"

비록 손톱만한 크기지만

1리터나 되는 우유를 짧은 시간 안에 요구르트로 변화시키는 유산균의 힘이 느껴졌다. 신기함 속에서 어떤 삶의 법칙을 발견할 수 있었다.

우리의 삶이 그렇다. 일상에 작은 변화만 줘도 인생을 송두리째 바꿔나갈 수 있다. 그 순간 나는 스피치가 우리 인생의 유산균과 같다는 생각을 했다. 스피치를 배우는 것은 인생에서 손톱만한 변화를 주는 것일 수 있다. 하지만 그 효과는 상상 이상이다.

손톱만한 유산균 하나가 1리터나 되는 커다란 우유의 성질을 바꿨듯이 독자님들 삶의 그 작은 변화가 이 책을 읽는 것부터 시작되길 바란다.

2.

"주진아, 엄마는 네가 강의할 때 항상 사람들을 살리는 말을 하도록 기도한다."

평생 옆에 계실 것 같았던 어머니, 건강하시던 어머니께서 뜻밖의 말기 암 진단을 받으시기 약 2주 전 하신 말씀이다. 어머니는 딸의 강의를 들어본 적이 없다. 그저 막연히 딸이 스피치와 관련된 강의를 한다는 것을 알고 계셨다. 언젠가 어머니께 강의하는 모습을 보여드리고 싶었는데, 어머니는 그렇게 이 땅에선 다시 뵐 수 없는 먼 하나님 품으로 떠나셨다. 어머니를 그리워하며 힘든 시간을 보낼 때, 내가 말하는 직업을 왜 가져야 하는지 교육의 신념과 철학을 더욱 뚜렷하게 세우며 마음을 다잡아갔다.

"엄마, 엄마의 말씀대로 누군가에게 희망을 주는 빛나는 말, 살리는 말로 강의를 하겠습니다."

무슨 일이든 딸이 하는 일이라면 무조건 믿고, 그것이 전부라고 기도해 주셨던 어머니! 무슨 말을 해도 인정해주고 격려해주신 어머니 덕분에 나는 지금 이렇게 말하는 직업으로 먹고 사는 사람이 되었다. 오직딸이 잘 되기만을 바라며 헌신만 하시다 돌아가신 어머니께 이렇게 책으로 인사드린다.

3.
어느덧 14년 가까이 방송진행과 스피치 교육을 해오며, 아나운서와 같은 방송인 준비생들에게 좋은 발성과 표준 억양으로 세련되게 말하는스피치를, 제한된 시간에 시청자의 구매를 이끌어야 하는 쇼호스트 준비생에게 순발력 있게 시청자의 마음을 사로잡는 스피치를, 프레젠테이션과 소통을 경쟁력으로 삼아야 하는 공공기관이나 기업체에 근무하는 직장인들에게는 자신감 있게 말하는 스피치를 가르치고 있다.

이 책은 그동안 몸담아 깨우친 말하기의 노하우를 알기 쉽게 법칙으로 정리한 책이다. 아나운서, 쇼호스트, MC 등 전문방송인은 물론이고, 직장에서 승진시험과 프레젠테이션을 잡아야 하는 이들, 변호사, 의사, 전문강사와 같이 고객의 마음을 사로잡는 스피치가 필요한 전문인들, 그리고 사회진출을 앞두고 면접과 소통능력을 향상시켜야 하는 이들과 현장에서 함께 하며 얻어낸 결과물이다. 어머니의 소원을 담아 사람들을 살리는 말을 잘 하는 기법을 담기 위해 노력한 산물이기도 하다. 독자들에게 반드시 보탬이 될 것이라 믿으며, 세상을 살리는 말 잘 하는 사람이 되기 위해 노력하는 모든 이들에게 이 책을 바친다.

아울러 기업체와 학교, 또는 스피치 학원에서 이주진의 '선샤인 스피치'와 함께 해주신 모든 분들에게 감사드린다. 존경하는 아버지, 시부모님, 사랑하는 언니와 형부, 절친 지희, 그리고 나를 항상 '햇살'이라 부르는 한결같은 남편에게 이 자리를 빌려 감사의 말을 꼭 전하고 싶다.

책을 발간한다고 하니까 마치 내 일처럼 기뻐하시며 적극적인 격려로 진심을 담은 추천사를 써주신 49년 성우 인생을 걸어오신 목소리의 대부 배한성 성우님과 OBM스피치커뮤니케이션 대표 김효석 박사님, 대전 MBC 이상헌 본부장님, 봄온 아나운서아카데미 성연미 대표님, 쇼호스

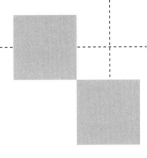

트 송희영 원장님, SBS스포츠 이재형 캐스터, 배우 지안 님께 진심으로 감사드린다.

끝으로,

어릴 때부터 항상 "잘 한다, 잘 한다"며 격려해 주시더니, 이제는 하늘나라에서 '햇살처럼' 보살펴 주시는 어머니께 감사드린다.

"엄마, 감사해요. 엄마 기도대로 사람을 살리는 말, 널리 전파하며 아름답게 살아갈게요. 엄마, 편안히 쉬세요. 감사합니다. 사랑합니다."

2016년 초겨울에 이주진

contents

말을 잘 하는 법?
'선샤인 스피치'의 핵심공식인
3M 법칙만 기억하라

※ 3M 법칙의 구성요소

1. 마인드 (Mind; 마음),

2. 메시지 (Message; 내용),

3. 메신저 (Messenger; 표현도구)

선샤인 스피치의 핵심공식
3M 법칙을 기억하라

지금은 스피치가 경쟁력인 시대다. 아나운서나 강사와 같은 전문직종이 아니더라도 프레젠테이션이나 입학, 취업, 승진시험을 볼 때 스피치가 큰 영향력을 끼친다. 그런데 학창시절에 스피치 교육을 받아 본 적이 없기에 많은 이들이 스피치라고 하면 아나운서처럼 말하는 것을 떠올리고 지레 겁을 먹는 경우가 많다.

나는 스피치 강사로 활동하면서 이런 이들을 많이 만났고, 이런 이들에게 굳이 아나운서를 따라하려고 스트레스를 받지 말고 자신만의 아우라 있는 스피치를 갖추기 위해 노력하라고 한다. 실제로 그렇게 해서 짧은 시간에 비약적인 발전을 이뤄낸 이들을 많이 보았다.

이렇게 오랜 시간 스피치 교육을 해오며 말을 잘 하려면, 단순한 기술전달만으로는 안 된다는 것을 수없이 경험하고, 이 부분을 어떻게 하면 가장 효과적으로 교육에 담아 낼 것인가에 대해 고민해왔다. 말을 잘 하고자 하는 수많은 사람들을 코칭해오며 나만의 스피치 노하우를 축적하기 시작했다. 이제 그 동안 현장에서 교육생들이 가장 호응을 보였던 '선샤인 스피치'의 핵심기술을 쉽게 정리해서 〈말을 잘 하는 법? 3M 법칙만 기억하라!〉를 세상에 내놓는다.

〈3M 법칙〉은 이주진의 선샤인 스피치의 핵심이다. 3M 법칙은 그동안 현장에서 스피치를 가르치면서 말을 잘 하려면 반드시 갖춰야 할 '마인드(Mind;마음)와 메시지(Message;내용)와 메신저(Messenger;표현도구)'를 쉽게 기억하고 언제든지 쉽게 챙겨서 쓸 수 있도록 요약한 말이다. 따라서 3M 법칙을 기억하는 것은 선샤인 스피치의 전부를 기억하는 것과 같은 말이다.

말을 잘 하려면?
선샤인 스피치의 핵심공식인
3M 법칙만 잘 기억하라.

첫번 째 M, 마인드 Mind
SOS로 진실한 마음을 전하라

사람은 자기중심적이다. 상대와 잘 소통하겠다는 마음을 일부러 챙기지 않으면 자기중심적인 마음으로 갈등과 대립을 불러일으킬 수 있다.

스피치의 목적인 커뮤니케이션을 원활하게 하려면 먼저 세상과 소통하겠다는 마음을 챙길 수 있어야 한다. 역지사지로 배려하는 마음을 챙길 때 상대도 자기중심적인 마음에서 무장해제하고 내 말을 들어주기 마련이다.

마인드의 중요성은 아무리 강조해도 부족함이 없다. 옛 사람들은 소통에서 말보다 더 중요한 것으로 마인드를 들었다. '불립문자(不立文字), 이심전심(以心傳心)' 이라는 말이 이를 증명한다. '말로 표현하지 않고(불립문자), 마음과 마음으로 통하는 경지(이심전심)' 에 이르러야 소통의 달인이라 할 수 있었던 것이다.

실제로 이것을 증명하는 사례는 정말 많다. 화려한 말재주와 풍부한 지식을 갖췄어도 밉상인 사람이 있고, 어눌하고 좀 부족해 보이는 사람이 많은 사람들에게 존경을 받는 경우가 이를 증명한다. 세상은 말만 앞세우는 것보다 상대와 통하겠다는 진실한 마음을 챙기는 마인드가 중요하다는 것을 보여주는 사례들이다.

마인드에는 중요한 세 가지 요소가 있다. 선샤인 스피치는 마인드의 세 가지 요소를 강조하기 위해 SOS로 정리했다. SOS는 자화상(Self-portrait), 열린 마음(Open mind), 자신감(Self-confidence)의 총합이다. 즉 말을 잘 하려면 챙겨야 할 세 가지 마인드가 있는데, 그것이 곧 SOS(자화상, 열린 마음, 자신감)인 것이다.

자화상은 곧 자신을 아는 마음이다. 나를 알아야 나만의 아우라를 풍기는 스피치를 할 수 있다. 나의 성격, 말투, 행동, 외모, 능력 등에 대해 알아야 나만의 스피치를 할 수가 있다. 따라서 수시로 나를 챙기는 마음을 가져야 한다. 이것이 마인드의 SOS 첫 번째 공식인 S, 곧 자화상(Self-portrait)이다.

자신을 아는 마음을 챙겼다면, 이제는 상대와 잘 소통하겠다는 마음이 필요하다. 상대를 있는 그대로 받아들이는 마음, 마인드의 SOS 두 번째 공식인 O, 곧 열린 마음(Open mind)이다.

자신감은 자신을 믿는 마음이다. 아무리 옳고 좋은 말을 하더라도 그 말을 하는 사람이 당당하지 못하고 어딘가 주눅이 들어 있으면 반드시 티가 나기 마련이다. 상대는 내 말을 듣기보다 말하는 내 자세를 보고 판단한다. 따라서 상대에게 들리는 말을 잘 하려면 당당한 자신감이 필요하다. 이것이 마인드의 SOS 세 번째 공식인 S, 곧 자신감(Self-confidence)이다.

말을 잘 하고 싶으면?
3M 법칙의 첫 번째 공식, 마인드(M)와 마인드의 SOS를 기억하자.

두번 째 M, 메시지 Message
S4로 메시지를 분명히 하라

"그래서 뭣이 중헌디?"

무슨 일을 할 때 꼭 챙겨야 할 말이다. 정말 중요한 것이 무엇인가?
말을 하다 보면 자신도 모르게 산으로 올라가는 사람이 있다. 이 말 저 말 주저리주저리 하다 보니 핵심을 놓친 것이다. 실제로 우리 주변에 말은 많은데 그 뜻이 무엇인지 명확히 밝히지 못하는 이들이 많다. 본인의 머릿속에는 그 뜻이 분명할지 몰라도, 그 머릿속을 들여다 보지 못하는 상대 입장에서는 답답할 노릇이다. 말을 잘 해야겠다는 마인드는 좋지만 효과적으로 메시지를 전달하는 방법을 모르기 때문에 생기는 일이다.

이런 것을 예방하려면 먼저 말하고자 하는 목적이 무엇인지 분명히 점검해 봐야 한다. 그리고 상대에게 메시지를 분명히 해야 한다. 본인은 아무리 진심을 담아 표현했다고 해도, 상대가 그 뜻을 분명히 이해하지 못한다면 올바른 표현이라고 볼 수 없다. 상대가 분명히 알아 들을 수 있도록 나부터 먼저 메시지를 분명히 요약할 줄 알아야 한다.

메시지의 S4는 상대의 귀에 분명하게 들리는 말을 하기 위해 챙겨야 할 네 가지 요소를 말한다. 첫째 S는 Social(사회적인), 둘째 S는 Smart(똑똑한), 셋째 S는 Special(특별한), 넷째 S는 Simple(단순한)을 의미한다.

말 잘 하는 고수들은 메시지를 전달할 때 S4를 고수한다. 먼저 청자를 잘 살피고 호감을 불러일으키는 관계지향적인(Social) 메시지와, 분명하고 똑 소리나는 논리적인(Smart) 메시지를 전달한다. 아울러 듣는 이가 귀를 번쩍 뜨이게 하는 특별한(Special) 내용으로, 누구에게나 간단명료하게(Simple) 이해하고 받아 들일 수 있도록, S4에 맞춰 정확한 메시지를 전달한다.

기억하자! 어떤 상황에서도 S4 메시지를 꺼내 쓴다면 말하기는 한결 쉬워질 것이다.

세번 째 M, 메신저 Messenger
VIP로 메신저를 완성하라

"사랑해!"

이 말을 듣는다고 누구나 좋아할 것이라고 생각하지 마라. 어떤 사람은 이렇게 좋은 말을 하고서도 상대에게 뺨을 맞을 수 있다. 상황에 맞지 않는 표정으로 이런 말을 했다면 어느 누가 좋아하겠는가?

또 어떤 사람은 이렇게 말했다가 성희롱으로 곤혹을 치를 수 있다. 자신의 지위와 위치를 고려하지 않은 말은 아무리 좋은 말이라도 최악의 상황을 초래할 수 있다.

그래서 말을 잘 하려면 챙겨야 할 것이 메신저의 VIP다. VIP는 같은 말이라도 상대에게 다르게 들릴 수 있는 세 가지 요소인 Voice(목소리), Image(겉모습), Position(지위)을 요약한 말이다.

같은 말이라도 어떤 목소리, 어떤 이미지, 어떤 위치에서 하느냐에 따라 그 뜻이 다르게 들릴 수밖에 없다. 그래서 메신저는 스피치의 화룡정점을 찍는 능력이다.

3M 법칙에서 마인드와 메시지를 챙겼으면, 메신저에서는 그것을 효과적으로 전달하는 표현방법을 구사할 줄 알아야 한다. 그만큼 많은 노력이 필요하고, 온몸으로 체화시키는 과정이 필요하다. 구체적인 방법은 본문에서 익혀가기로 하고, 여기에서는 말을 잘 하기 위한 3M 법칙의 구체적인 표현도구인 메신저와 메신저의 구성요소인 VIP의 핵심을 기억해 두자. 말할 때마다 저절로 챙길 수 있도록 확실히 암기해두는 것이 좋다.

선샤인 스피치 & 3M 법칙

1. 선샤인 스피치란?

: 햇살처럼 아우라가 있는 나만의 스피치다

2. 3M 법칙은 선샤인 스피치의 핵심공식

1) Mind(마인드) = SOS

(1) Self-portrait : 자화상

(2) Open mind : 오픈 마인드

(3) Self-confidence : 자신감

2) Message(메시지) = S4

(1) Social : 사회적인

(2) Smart : 똑똑한

(3) Special : 특별한

(4) Simple : 단순한

3) Messenger(메신저) = VIP

(1) Voice : 목소리

(2) Image : 이미지

(3) Position : 지위

01

말을 잘 하려면?
마인드 SOS를 챙겨라

마인드 SOS!
진실한 자기표현을 위한 세 가지 마음!

Self-portrait, Open mind, Self-confidence

긍정의 자화상을 그려라. Self-portrait

있는 그대로 받아들여라. Open mind

당당하고 빛나는 자신감을 가져라. Self-confidence

SOS의 S
(Self-portrait ; 자화상)

자신과 소통하라

말은 나를 표현하는 가장 좋은 수단이다. 나를 표현하려면 나에게 어울리는 옷을 입어야 가장 빛나는 법이다. 따라서 말을 잘 하려면 먼저 나 자신에 대해서 잘 알아야 한다.

마인드를 뒷받침해주는 세 가지 요소 SOS를 챙기면 말을 잘 하는 출발선에 설 수가 있다. 여기에서는 그것을 마인드의 첫 번째 요소 Self-portrait(자화상)이라 칭한다.

오랫동안 익혀온 사투리 억양을 버릴 수 없다면 그것을 이미지에 맞게 잘 활용할 수 있으면 좋다. 지적인 이미지라면 지적인 화법을 구사할 줄 알고, 후더분하고 정감 넘치는 이미지라면 여기에 맞는 화법을 구사할 줄 알면 금상첨화다.

누군가에게는 사투리가 정감 있게 들리고, 누구에게는 특유의 억양이 친화력을 발휘하는 개성으로 보일 수 있다.

나를 빛나게 하는 말을 하기 위해서는 먼저 나를 점검해 보면서 나만의 자화상을 찾아 당당해져야 한다. 자신의 목소리와 이미지에 맞는 스피치를 하기 위해 먼저 자신의 모습을 그려보는 것부터 시작해보자.

'내 머릿속에 나는 어떤 사람인가?'

내가 어떤 사람인지, 무엇을 좋아하는지, 무엇을 잘 하고, 어떤 취향을 가졌고, 어떤 음식을 좋아하고, 누구와 함께 있을 때 행복하고, 어떨 때 즐겁고, 어떨 때 화가 나고, 어떨 때 스트레스가 풀리는지 등등…. 나와의 소통을 통해 나의 모습을 찾아보고 나에게 맞는 밑그림을 그려보자.

명심할 것은 최대한 긍정의 자화상을 그려야 한다는 것이다. 마인드가 힘을 발휘하는 것은 긍정의 힘이다. 긍정의 자화상을 그린다면 내 인생도 긍정적으로 이끌어 갈 수 있다.

그렇다면 긍정의 자화상은 어떻게 만드는가?

어제의 내가 오늘의 나를 만든다. 오늘의 내가 내일의 나를 만든다. 과거의 긍정적인 경험이 현재의 긍정적인 삶을 이끌어 주는 것이다. 따라서 과거의 긍정적인 경험을 끌어올리는 노력을 해야 한다. 그런 노력을 통해 오늘의 긍정적인 경험을 만들어가고, 오늘의 긍정적인 경험으로 내일의 긍정적인 삶을 설계해 나가야 한다. 긍정적인 자화상은 계속 긍정적인 자화상을 만들어 준다.

지금 이 순간을 어떻게 보내는가? 부정적인 생각이 올라온다면 얼른 긍정적인 자화상을 그려보자. 나도 모르게 웃는 얼굴이 되어 긍정적인 생각을 끌어올 수 있다. 처음이 어렵지 꾸준히 연습하다 보면 어느 순간 내 안에 긍정적인 자화상이 가득 차 있음을 알게 될 것이다.

긍정적인 자화상을 정립하려면?

2002년 한일월드컵의 최고의 세리머니 중 하나는 박지성 선수가 거스 히딩크 감독의 품에 안기는 것이다. 보잘 것 없던 J리거 미드필터 선수가 세계적인 수비수를 따돌리고 월드컵 최초로 16강 진출을 확정짓는 그림 같은 골을 성공시킨 후 감독에게 달려가 포옹했던 세리머니는 14년이 지난 지금도 우리 가슴에 감동으로 남아있다. 그 후 세계적인 선수로 이름을 떨치다 은퇴한 박지성 선수가 은퇴 기자회견에서 이런 말을 했다.

"감독님은 기억을 못하시는데 나는 그때 '대표팀에서 지금처럼 열심히 하면 언젠가 영국이나 스페인 등 큰 리그에서 뛸 수 있을 것이다.'는 말을 듣고 가슴이 뛰었다."

히딩크 감독의 이 한 마디가 자신에게 큰 힘이 되고 큰 동기부여가 됐다는 것이다. 그때 박지성은 히딩크 감독을 누구보다 믿고 따랐고, 그를 통해 성공할 수 있다는 자신감을 얻었다. 그는 그때를 떠올리며 이렇게 기자회견을 마무리 지었다.

"나도 누군가에게 믿음을 준 선수로 기억된다면 영광일 것 같다."

사람의 말 한 마디가 누군가의 인생을 송두리째 바꿀 수 있다. 나는 이와 같은 사례를 현장에서 수많은 제자들을 가르치며 실감하고 있다.

"선생님, 제가 아나운서 합격할 수 있을까요?"
"당연하지. 너는 다른 사람보다 타고난 말솜씨를 가지고 있단다."
"제가 쇼호스트에 합격할 수 있을까요?"
"그럼, 꾸준히 노력한다면 곧 브라운관에서 널 볼 수 있을 거야."

그렇다고 누군가에게 이런 말을 듣기만 기다리지 말자. 나 스스로 나한테 이런 말을 수시로 할 수 있어야 한다. 내가 스스로 선생이 되고, 스스로 학생이 되어 긍정적인 자화상을 그리기 위해 노력하는 것이다.

그것이 어렵다면 나의 자화상을 찾아줄 스승이나 멘토를 찾아 나서야 한다. 내가 나를 객관화 시켜 보는 것은 참으로 어렵다. 이때 필요한 것이 스승이자 멘토이다. 따라서 긍정적인 자화상을 찾고 싶다면 용기를 내서 나를 긍정적으로 봐줄 스승과 멘토를 찾는 노력을 기울여 나가야 한다.

내게 어울리는 스피치를 찾으려면?

  긍정적인 자화상으로 자신감을 충전했다면, 이제는 나를 객관적으로 알아가는 과정이 필요하다. 그러면 나에게 어울리는 스피치를 쉽게 찾을 수 있다. 법무연수원에 강의를 갔을 때의 일이다.

  "이주진 교수님 안녕하세요. 법무연수원입니다. 스피치 스킬에 대한 강의 부탁드립니다."
  "네, 알겠습니다. 대상은요?"
  "검찰직 4급 과장 후보자분들인데요. 앞으로 승진시험을 앞둔 분들입니다.

  공무원 승진 풍속도 예전과 사뭇 달라졌다. 지금까지 공무원 하면 정년과 승진이 보장되는 직업이라고 생각하는 사람이 많았다. 하지만 사람들이 근무연수가 늘어나면 당연히 이뤄진다는 승진에는 치열한 경쟁이 도사리고 있다. 그 승진 시험에 스피치가 매주 중요해지고 있다는 것을 나는 강의 현장에서 수없이 체감하고 있다.
  그동안 소방직, 검찰직과 출입국관리직, 보호직 등 공무원 서기관부터 신입사원까지 다양한 공무원분들을 상대로 스피치 교육을 진행해왔다.
  그런데 이날 강의는 어느 강의보다 열기가 뜨거웠다. 공무원 4급 승진시험은, 개별 구술 평가를 비롯해 토론면접(Group discussion), 역할에 적합한 의사결정과 역할극, 그리고 프레젠테이션으로 평가가 이뤄진다. 시험의 난이도가 높고, 승진 합격자가 절반도 채 되지 않다 보니, 당연히 강의장 분위기는 긴장감도 있었고, 열정적인 분위기로 가득 차 있었다.

"지난 번 시험에 떨어져서 이번에는 꼭 붙어야 될 텐데요. 앉아서는 말을 잘 하겠는데 앞에만 나가면 긴장을 많이 하네요. 교수님은 앞에 나오면 어떻게 안 떠나요?"

"저도 떨어요. 단지 티가 안 날 뿐이죠. 남 앞에 서면 떠는 것은 사무관님뿐만 아닙니다. 다른 사람들도 거의 다 떱니다. 무대가 주는 공포는 상상을 초월합니다. 대중들에게 주목을 받는 상태에서 타인의 시선을 의식하는 순간, 자유롭지 못하고 긴장하기 마련이죠. 매일 강단에 서는 저도 낯선 사람들 앞에서는 아직도 긴장하는 순간들이 많은 걸요. 하지만 그 긴장감을 감추고 자신을 컨트롤하는 훈련으로 극복해 왔을 뿐입니다. 그러니까 사무관님도 저처럼 자신을 컨트롤하는 연습이 필요합니다. 먼저 남 앞에 서면 나만 떠는 게 아니라 생각하시고, 자신감을 갖고 강단에서 말하는 훈련을 반복해 보는 것이 중요합니다."

"A4 용지로 사전만큼 두꺼운 자료를 보고, 빠르게 읽고, 요약해서 발표까지 해야 하는데 시간이 턱없이 부족합니다. 어떻게 해야 할지 막막합니다. 특별한 방법이 있을까요?"

"한 번에 많은 분량의 과제 자료를 주고 이것을 단시간 내에 요약하고 발표하는 시험이군요. 많은 데이터 가운데 주제를 뽑아내는 읽기 능력과 요약본을 자신있게 발표하는 프레젠테이션 능력은 걱정하지 마세요. 저를 믿고 순차적으로 차분히 연습하시면 큰 도움이 될 겁니다."

그동안 이런 경험을 많이 했다. 아나운서 시험에서 흔히 치루는 시험

방식이다. 아나운서 시험은 그 자리에서 처음 보는 뉴스기사를 미리 주고 짧은 시간에 보게 한다. 그리고 카메라 앞에서 그 카메라를 자연스럽게 쳐다보고, 조금 전에 준 그 기사를 틀리지 않게 또박또박 정확한 발음과 발성으로 뉴스를 진행하는 능력을 테스트한다.

나 역시 아나운서 시험을 준비하면서 이런 연습을 수없이 해왔고, 아나운서 지망생들을 가르치면서 수없이 반복적으로 이런 연습을 시켜왔다. 처음에는 나의 배경지식만으로는 이해하기 어려운 사회 경제 정치 뉴스의 내용을 파악하기에 바빴다. 그래서 면접에서 나올 법한 내용의 배경지식과 소양을 쌓는 것부터 시작했다.

그리고 목소리 톤 잡으랴, 발음 신경 쓰랴, 신경 쓸 일이 너무 많았다. 하지만 이렇게 꾸준히 뉴스를 집중해서 읽고 소화하는 연습을 하니까 금방 익숙해 졌다.

나는 이런 경험담을 들려주며 자신에게 맞는 연습 방법을 선택하라고 했다. 강의가 끝났는데도 승진시험이 얼마나 절실한지 자리를 뜨지 않은 분들의 질문이 이어졌다.

나는 스피치 연습할 방향을 지도로 그려주고, 어떻게 연습해야 하는지, 아나운서 지망생들에게 가르쳤던 노하우들을 아낌없이 가르쳐 주었다. 승진에 대한 의욕과 열정이 넘쳐 그만큼 절실하게 받아들이는 분들이 많아 나름대로 보람을 느꼈던 순간이다.

스피치는 무조건적으로 완벽함을 추구하기보다 각자의 필요와 목적에 맞게 스킬을 배워 훈련해 나가는 것이 좋다. 예를 들어 당장 발등에 불이 떨어진 면접, 또는 중요한 프레젠테이션이 있다면 먼저 원고를 작성하여 반복훈련을 하는 것이 좋은 방법이다.

때로는 상황과 장소에 어울리는 스피치가 필요하듯 나의 색깔을 존중하고 개성을 살릴 수 있는 스피치 연습이 필요하다. 그러니까 남들이 좋다는, 표준화된 스피치를 배우려고 애쓸 것이 아니라 자신의 성격과 기질에 맞게, 또는 장점과 단점에 맞게 자신에게 어울리는 스피치를 찾아, 자신만의 경쟁력을 갖추는 것이 중요하다.

나에게 어울리는 스피치를 찾으려면? 내가 누구인지 알아보는 자기분석의 과정이 중요하다. 바로 나의 자화상을 그려보는 것이다. 내가 자라온 환경과 성격, 마인드, 그리고 그것을 표현하는 디테일한 스킬들이 조화롭게 하나로 표현되어야 좋은 말을 할 수 있다. 마치 거울속의 나를 보는 것처럼 객관적으로 나 자신을 돌아볼 수 있는 있어야 한다.

이것이 말을 잘 하기 위한 3M 법칙의 마인드 첫 번째에서 강조하는 '자화상 기법'이다.

스피치라고 하면 손석희 아나운서처럼, 혹은 이금희 아나운서처럼 말을 잘 해야 한다고 생각하고 그 기법을 따라 배우려고 하는 이들이 많은데, 먼저 이 생각부터 벗어 던져야 한다.

더구나 지금처럼 승진시험을 위한 것이라면 아나운서처럼 완벽한 화법을 배울 필요가 없다. 그저 상대의 귀에 잘 들리는 말을 할 줄 알면 된다.

명심하자. 말을 잘 하는 첫 걸음은 먼저 나 자신에 대해 잘 아는 것이다. '자화상 기법'을 통해 자기분석을 하고, 나를 이해하면 그만큼 스피치를 배우는 의지도 강하게 세울 수 있다. 힘든 경우를 만나도 지속적인 노력으로 극복해 나가는 힘을 기를 수 있다.

나 자신과의 소통패턴을 점검해 보자

나를 잘 아는 방법은 끊임없이 나와 소통하는 것이다. 오늘 하루, 나와 얼마나 소통을 했는가? 삶은 끊임없는 소통이다. 소통을 통해 나를 이해하고, 타인을 이해하고 관계를 확장해가는 사람이 말도 잘 할 수 있다.

"모든 심리치료는 의사소통의 실패를 바로 잡는 일이다."
- 심리학자 칼 로저스

의사소통이 실패하는 이유 중에 하나가 마음의 상처다. 의사소통을 하는 과정은 마음의 상처를 치유하는 과정이기도 하다. 나와 소통하는 것은 내 마음의 상처를 치유하는 과정이기도 하고, 나를 알아가는 과정이기도 하다. 따라서 말을 잘 하기 위해서 우리는 끊임없이 나와 소통하며 내면의 상처를 치유하는 과정을 밟아가야 한다.

그러기 위해서는 나부터 바꿔나가는 노력이 필요하다. 나 자신을 정확하게 바라보는 능력을 키워 긍정적인 자화상을 정립시켜 나가야 한다.

소통은 자신과의 싸움이다. 자신과의 싸움은 자신을 속이지 않는 것으로 시작한다. 곧 자신을 똑바로 보는 것이 그 시작이다. 못하면서도 실전에서는 잘 할 수 있다고 자만하지 말고, 잘 할 수 있는데 특별한 사정이 있어서 못했다고 핑계를 대지 말아야 한다. 그리고 묵묵히 하고자 했던 일을 해나가야 한다. 자신과의 싸움에서 이기는 길에 들어서야 한다.

나 자신과의 싸움에서 이기기 위해 먼저 나 자신의 소통 패턴을 점검해 보자. 긍정적인 자화상을 그리는데 큰 보탬이 될 것이다.

자신소통 패턴 검사지

1. 자기이해

나라는 사람은 어떤 성격과 성향을 가진 사람인지 스스로 생각을 정리해본다. MBTI와 애니어그램과 같은 자기 성향과 적성을 파악하는 도구적 검사를 활용하는 방법이 있다.

● 지금까지 해본 도구적 검사(적성검사, 성향검사)가 있는가?

있다면 그 결과는?

그 결과에 대한 자신의 소견은?

객관적인 자기분석 데이터가 없다면, 스스로 생각하기에 자신은 어떠한 성향의 사람인지 기록해 보자.

2. 자기목적

나라는 사람이 추구하고자 하는 인생의 목적과 방향은 무엇인지, 다른 사람과의 관계에서 추구하고자 하는 것이 무엇인지, 직업상 내가 갈고 닦아야 할 소양은 무엇인지 점검해 보자.

● 나의 인생의 목적은?

● 타인과의 관계에서 중요하게 여기는 것은?

● 내가 가장 소중하게 여기는 가치는?

● 직업에서 내가 중요시 여기는 직업가치는?
  (예: 봉사, 애국, 자율, 안정, 명예, 신체적 편함, 금전 등)

● 직업에서 내가 갈고 닦아야 할 소양은?

----

3. 갈등해결 패턴

나는 다른 사람을 늘 비난하거나 늘 불평하는 말만 늘어놓진 않는지, 갈등당사자 앞에서 말을 하는 편인지, 뒤에서 말을 하는 편인지, 다른 사람의 잘못에 쉽게 얼굴을 붉히면서 화를 내는 편인지, 침묵해 버리는 편인지 살펴보자.

● 주로 내가 해결하는 방식의 갈등패턴은 무엇인가?

....

....

....

....

● 나의 갈등해결 패턴에서 개선될 점은 무엇이라 생각하는가?

....

....

....

....

4. 자기존중 패턴

　다른 사람에게는 관대하지만, 나에게는 함부로 대하지 않은지 살펴보자. 그리고 끊임없이 자기존중의 메시지를 스스로에게 다져보자. 긍정적 자화상을 갖는데 도움이 될 것이다.

　다음을 소리 내서 읽어 보자.

　"나는 나를 사랑합니다. 다른 사람들에게 치여 상처받았던 나는 나를 사랑합니다. 남들 보기엔 좀 부족해 보일 수 있어도 나는 지금 이대로의 나를 많이 아끼고 사랑합니다. 친구는 위로해 주면서 나 자신 왜 그렇게 함부로 대하는지 부족한 나라도 사랑해주세요."

　– 혜님스님의 '말씀' 중에서

어머님이 누구니?

스피치가 중요한 경쟁력으로 부각되면서 자녀의 스피치 교육에 관심을 갖는 이들이 많다. 내 자녀를 말 잘 하는 인재로 키우기 위해 애쓰는 부모님이라면 명심해야 할 것이 있다.

"도대체 어머님의 외모가 얼마나 빼어나시길래. 너의 외모가 이토록 아름답니?"

가수 박진영의 '어머님이 누구니?' 라는 노래가 음악차트에서 1위를 석권한 적이 있다. 제목이 참 재밌다. 여자에 대한 찬양을 담은 가사도 설득력이 있다. 부모님에게 물려받는 것이 어디 외모뿐이겠는가?

언어습관도 부모님으로부터 물려 받는다. 언어습관은 어머니의 영향이 절대적이다. 태어나면서부터 어머니 품에서 가장 많은 시간을 보내며 어머니의 말투와 발음 등 어머니의 언어습관을 자연스럽게 물려받는 경우가 많기 때문이다.

"우리 아이가 평소 말하기를 꺼려해요. 자신감이 없어요. 우리 아이는 발음이 부정확해요. 학교생활 하는데 어려움이 없을지 걱정돼요"

가끔 어머니가 자녀 손을 잡고 상담하러 오는 경우가 있다. 그런데 이렇게 어머니의 말을 듣고 자녀와 이야기를 나눠보면, 자녀의 스피치 습관이 어머니와 일치하는 경우가 대다수라는 것을 알 수 있다.

따라서 자녀의 언어습관을 바꾸고 싶다면, 자녀의 스피치 실력을 키우고 싶다면, 먼저 어머니가 언어습관을 바꾸는 것이 가장 바람직한 방법이다. 그렇다면 어떻게 언어습관을 바꿔 나갈 것인가?

첫째, 긍정언어를 자주 한다. 앞에서 말했듯이 긍정언어는 긍정적인 자화상을 정립하는데 필수 요소다. 자녀가 성장하면서 자신감 있는 스피치를 하도록 하려면? 자녀의 긍정적인 자화상을 정립시켜주기 위해서라도 긍정언어를 습관화 시켜야 한다. 스피치의 많은 부분은 대중공포로부터 시작된다. 내 아이가 대중공포증을 이겨내게 만들려면 어려서부터 긍정적인 관점으로 바라보고 말하는 습관을 키워줘야 한다. 자녀가 무슨 말을 하면 "안 돼!"라는 말보다 "그래 해보자, 잘 할 거야!"라는 긍정언어를 자주 사용해서 자신감을 갖게 해야 한다.

둘째, 질문언어를 사용해야 한다. 부모님이 먼저 답을 주지 않고 아이 스스로 생각하고 표현하는 습관을 키워줘야 한다. 질문언어는 고대 그리스 철학자 소크라테스가 제자들과 대화할 때 자주 사용한 방법이다. 아이는 질문을 받으면 스스로 생각해서 자기 생각을 또박또박 표현하는 습관을 들이게 된다. 더불어 자신의 생각과 의사가 무엇인지 알고 표현하면서 자연스럽게 자신에 대한 자화상을 선명하게 그리는 사람으로 자란다.

셋째, 공감언어를 사용해야 한다. 자녀를 질책할 때, "왜 억지를 부려!" 하고 다그치기만 할 것이 아니라. 아이의 기분을 생각한 차분한 목소리로 대응해야 한다. 그리고 급하지 않게 알아듣기 좋은 속도와 기분 나쁘지 않은 억양으로 접근해야 한다. 그러면 아이도 자연스레 엄마의 말투와 엄마의 톤을 따라 배우며 감정을 조절하기 어려울 때도 차분히 대응하는 습관을 들이게 된다.

"어머님이 누구시길래 이토록 말을 잘 하니? 너의 어머님이 누구니?"

내 아이가 주변 사람들로부터 이런 말을 듣는다면 얼마나 좋을까? 생각만 해도 입가에 미소가 지어질 것이다.

SOS의 O
(Open mind ; 열린 마음)

선입견을 잘 살펴라

스피치의 능력에는 다른 사람의 메시지를 올바로 받아들이는 것도 포함된다. 다른 사람의 메시지를 그대로 받아들이지 못하고 왜곡시키는 것은 선입견 때문이다.

선입견은 상황을 있는 그대로를 받아들이지 못하게 한다. 말을 잘 하려면 사람들이 갖고 있는 선입견을 잘 살펴서 적절히 활용할 줄 알아야 한다. **Open mind**(열린 마음)로 선입견에서 벗어난 그대로를 받아들일 수 있어야 한다.

"안녕하세요. 이주진 씨죠? 여기 검찰청 000수사관입니다."

"네, 안녕하세요."

평소에 검찰청 공무원교육을 많이 진행하다 보니 아무런 의심없이 전화를 받았다. 일반인이면 검찰청에서 전화가 오면 무슨 일인지 놀라거나 의심을 품을 만하지만, 나는 직업특성상 교육의뢰가 왔거니 하고, 의심 없이 호의적인 자세로 전화를 받은 것이 문제였다.

"이주진 씨 혹시 000이란 분을 아십니까? 이 분이 전직 금융권에서 일했던 사람인데, 얼마 전 고객 개인정보를 이용해 명의도용을 하고, 000만 원 사기죄로 수사 중입니다. 이주진 씨 계좌에도…."

전화를 계속 받다 보니, 나도 모르게 '어머, 정말 내 정보가 털렸나?' 하는 마음이 자연스레 올라왔다. 그러다 어느 정도 시간이 지난 후에 이 상하다 싶어 그쪽 신원과 근무지를 알려주면 다시 연락하겠다고 했더니 이런저런 핑계를 대더니 그만 전화를 끊어 버렸다.

'아! 이런 게 보이스피싱이구나!'

보이스피싱에 속는 사람들을 이해할 수 없다고 생각했는데, 내가 이렇게 당하고 보니 그럴 수 있겠다는 생각에 가슴이 철렁 내려앉았다.
전화를 끊고 잠시 생각해 보았다. 나는 보이스피싱에 속지 않을 거라고 생각했는데 어떻게 잠시라도 헷갈렸을까? 이유는 크게 두 가지가 있었다.

첫째는 목소리가 정말 검찰 수사관 같았기 때문이다. 보이스피싱을 하기 위해서 그들은 정말 완벽한 목소리를 갖췄다. 목소리를 무겁게 중저음으로 깔고 말하면 사람들이 검찰 수사관으로 믿을 것이라는 선입견을 역으로 이용한 것이다.

둘째는 내가 검찰청에서 강의섭외가 들어올 것이라는 선입견을 갖고 호의적으로 들었기 때문이다. 당연히 검찰일 거라는 생각으로 듣다 보니 점점 빠져들게 된 것이다.

나는 이 사례를 통해 두 가지 교훈을 얻었다. 첫째는 보이스피싱을 하는 사람에게도, 비록 그 능력을 안 좋은데 써서 사회적으로 지탄을 받아 마땅하지만, 사람들의 선입견을 활용한 스피치 구사력만큼은 배워야 한다는 것이다. 둘째는 누군가의 말을 들을 때는 먼저 선입견을 내려놓고 있는 그대로 들어야 한다는 것이다.

일반적으로 사람은 듣고 싶은 것만 듣고 말하고 싶은 것만 말하는 속성이 있다. 따라서 내가 말을 할 때는 상대가 듣고 싶어하는 것이 무엇인지, 말하고자 하는 것이 무엇인지 살펴봐야 한다. 그리고 상대의 말을 들을 때는 혹시 내가 듣고 싶은 말만 듣고 있는 것은 아닌가 살필 수 있어야 한다.

이것이 말을 잘 하는 출발점이다. 물론 결코 쉬운 일이 아니다. 그렇기 때문에 더욱 열심히 노력해야 한다. 매 순간 내가 갖고 있는 선입견이 무엇인지 살펴야 하고, 열린 마음으로 그 선입견을 내려놓는 연습을 해야 한다.

선입견 없이 상대를 대하는 법

1. 다름을 인정하자

　사람의 성격과 환경 사고방식 등이 다르다는 것을 인정하자. 내 기준에서 올바른 것, 내 기준에서 이상한 것이다. 다른 사람 입장에서는 내가 이상해 보일 수도 있다. 다른 사람이 내 의견과 다르다고 생각하면 입을 다물어 버리거나 내 주장만 고집하지 않고 있는 그대로 수용하는 연습을 하자.

2. 상대의 의견을 존중하자

　나의 의견이 소중하듯 다른 사람의 의견도 소중하다. 상대의 이야기를 존중하는 태도로, 상대의 이야기를 잘 듣고, 상대가 보내는 외적 신호(눈빛, 말투, 제스처, 침묵 등)도 함께 읽는 적극적 경청의 노력을 기울이자. 그저 존중하는 '척'이 아닌 마음을 담은 존중의 표현이 드러나도록 하자. 그러면 상대도 내 말에 귀를 기울이는 자세를 보이기 마련이다.

열린 마음으로 이질감을 극복하라

　20대 초반의 새터민 대학생들을 대상으로 우리말을 지도한 적이 있다. 그들은 가끔 남한으로 오기 위해 목숨을 걸고 바다를 건넌 아픈 기억을 말해주곤 했다. 그들은 한결같이 북한군에게 발각되면 바로 죽음이라는 말을 했다. 용기가 없으면 그 죽음을 뚫고 나올 수 없었다는 말도 많이 했다. 생명을 건 용기! 그 오싹한 순간을 떠올리며 이 친구들에게 더욱 성심껏 지도해야겠단 생각이 들었다.

　그때 새터민 친구들에게 주로 가르쳤던 것은 표준어 억양이었다. 그들에게 가장 필요한 부분이었다.

　그들은 억양이 억세다. 북한 방송을 들었거나, 새터민들의 목소리를 들은 사람은 안다. 그들은 첫 음절에 강한 악센트를 준다. 부산 사투리도 강한 악센트가 많이 들어가는데, 이 친구들이 쓰는 말이 부산 사투리와 다른 점은 억양의 기복이 매우 많다는 것이다.

"우리 다 함께 스피치 배워봅시다."

이 말을 읽게 했더니 이렇게 한다.

"으~리 다 함께 스피치 배오봅시다."

　'으'와 '우', '어'와 '오' 발음을 뚜렷이 구분 못하는 경우도 많았다. 이렇듯 새터민의 억양은 그 어떤 사투리보다 억양의 변화가 심하고, 안 되는 발음이 있다 보니 이질감을 느끼는 사람들이 많았다.

그래서 새터민이라는 이질감을 주지 않기 위해 노력하는 것이 낫다는 생각으로 표준어를 능숙하게 구사할 수 있도록 억양을 잡아 주었다.

사투리 자체는 아름다운 우리말 가운데 하나이고 지역민의 긍지를 이어갈 수 있는 지역고유의 계승되어야 할 언어지만, 지금은 표준어를 구사할 줄 아는 것이 경쟁력이 되어버린 시대라 표준어 구사에 신경을 써야 한다. 특히 대외적이고 공식적인 자리에서는 더욱 그렇다.

평소 사투리를 사용하는 이들의 억양을 듣고 있으면 지방색이 묻어나오는 말투 때문에 왠지 정겹고 친근하다. 하지만 사투리보다 표준어를 구사하는 것이 좀 더 세련되고 전문적으로 보일 수 있다는 이유에서 최근 표준어 억양을 배우려는 직장인들이 많아졌다.

나는 새터민에게 사투리를 교정하는 것은 그들만이 일이 아니라는 것을 일깨워주며 새터민이라는 신분 때문에 주눅 들거나 힘들어 하지 말고, 열린 마음으로 남들보다 더 열심히 표준어를 배워야 한다고 강조했다.

나는 이들에게 열린 마음으로 선샤인 스피치를 가르쳤다. 마인드를 강조하고, 메시지를 잘 전달하기 위해 메신저를 잘 갖춰 나가야 한다고 했다. 선입견 없이 열린 마음으로 방송준비생들에게 가르쳤던 방법 중에 효과적이었던 세 가지 훈련법을 적용했다.

첫째, 언어를 일상에서 습관으로 바꾸는 노력을 시켰다. 표준어를 많이 듣고 따라 해야 한다. 이때 활용할 표준어는 방송에서 사용하는 뉴스 대본이나 MC 대본이다. 무작정 듣고 따라하게 한 것이 아니라 방송인과 자신과의 차이점 분석을 병행했다. 어느 부분에서 억양이 다른지 밑줄을 그어가며 차이를 정확히 확인해 나갔다.

둘째, 서술 어미 억양 바꾸기에 주의를 기울이도록 했다. 대부분 사투리 억양 가운데 서술 어미들은 급격하게 올라가거나, 내려가거나, 길게 끄는 특유의 끝처리가 있다. 끝 억양의 변화를 특히 신경 써서 부드럽게 올리고 내리는 연습을 했더니 큰 도움을 얻었다.

셋째, 톤의 일정함을 지키도록 했다. 사투리 억양이 정겹게 들리는 이유 중 하나는 톤의 변화가 있다는 것이다. 처음에는 사투리의 억양이 밋밋하게 들릴지 모르지만 톤을 일정하게 유지하며 억양을 평평하게 펴는 훈련을 시켰다. 그리고 그 효과를 금방 볼 수 있었다.

사투리 교정 연습 팁!

1. 평소 습관으로 바꾸기
: 연습 따로 일상 따로가 아니라 평소에 일상에서 수시로 표준어를 사용하는 습관을 가져본다.

2. 서술어미 억양 바꾸기
: 롤러코스터처럼 급격하게 상향, 하향하는 어미 끝처리가 없도록 억양을 평평하게 유지해 보려고 노력한다.

3. 톤의 일정함을 연습하기
: 입을 동그랗게 열고, "아~"를 해본다. 말하기 가장 편한 톤으로 "아~"를 연습한 후, 그 톤으로 일정하게 톤이 올라가거나 떨어지지 않도록 신문이나 잡지 등을 읽어 본다.

열린 마음으로 배려의 말을 몸에 익히자

"주진아, 밥 다 차려놨어! 어서 와서 앉으렴. 밥 먹자."

어린 시절에 어머니가 자주 하시던 거짓말 중에 하나다. 식사준비를 해놓았다는 말씀이 떨어지자마자 식탁으로 달려가면, 어머니는 아직도 밥을 차리고 있는 중이었다. 식탁은 비워있었고, 어쩌다 반찬 한 개 정도가 놓여 있었다.

"에이, 뭐야? 엄마. 밥이 없잖아?"

식구들이 따뜻한 밥과 국을 먹을 수 있기를 바라셨던 어머니의 마음. 그 때는 왜 눈앞에 밥이 없다는 일차원적인 생각만 했을까. 왜 엄마 입장에서 생각하지 못했을까. 거짓말이 아닌, 사랑이었다는 것을 철없는 나는 깨닫지 못했다. 늘 그 자리에 계셨으니 나를 씻겨주고 입혀주고 보살펴주는 것이 얼마나 고마운 일인지 몰랐고, 미처 그 소중함을 표현하는 것이 중요하다는 것도 몰랐다.

"우리 엄마 음식 솜씨는 끝내줘요. 식기 전에 먹어야 제 맛이지! 빨리 먹고 싶다. 엄마, 내가 뭐 도와줄 거라도 없을까?"

지금이라면 어머니께 이렇게 말했을 것이다. 풍수지탄이라고 하나? 지금은 아무리 정성을 담아 말해도 이 말을 들어줄 어머니는 곁에 없다.

왜 그때 어머니를 배려하는 말을 하지 못했을까? 지금도 그 생각만 하면 괜히 가슴이 아려온다.

지금 주변을 돌아보라. 너무 가까이 있어서 소중함을 몰랐던 사람들에게 그들을 배려하는 한 마디 말을 해보자. 너무 당연하다고 생각했던 사람들에게 당연하지 않았음을 감사해하며 표현해보자.

배려의 말 연습하기

영국의 엘리자베스 여왕은 중국의 고위 관리와의 만찬 석상에서 손을 닦으라고 나온 물을 중국 관리가 마시자 그가 무안해 하지 않도록 자신도 따라 마셨다.

당신이라면 어떻게 행동했을까?

매너는 상대를 배려하는 마음에서 나온다.

배려의 말 실습하기

1. 최근 나의 잘못된 선입견이나 편견 고정관념, 상대를 쉽게 여기는 마음 등으로 상대에게 잘못 했던 말이 있는가? 그 상황을 써보자.

....

....

....

2. 다시 그 순간으로 돌아간다면, 무엇이라고 말하겠는가?

....

....

....

열린 마음으로 준비된 자의 여유를 누려라

"기회는 준비된 자에게 온다."
"기회가 노력을 만났을 때, 행운이라 한다."

"교수님, 제가 갑자기 다음 주에 승진시험을 보게 되었습니다. 원래는 제 순번이 아니었는데요. 무슨 사정인지 제가 승진시험 후보자로 올랐더라고요. 이번에 승진할 수만 있다면, 저에게 정말 좋은 기회가 될 것 같은데요. 시험을 잘보고 싶은데 주어진 시간이 부족해서 걱정이네요 뭐부터 어떻게 해야 할지 모르겠습니다. 시험 날 복장은 어떻게 해야 하는지, 인사는 어떻게 해야 하는지, 막상 시험을 본다 생각하니 신경 쓰이는 게 한두 가지가 아닙니다. 그래서 교수님 생각이 나서 도움을 얻을 수 있을까 해서 연락드렸습니다."

전화로 도움을 청한 분은 15년간 공공기관에서 근무했는데 15년 만에 면접을 처음 보는 거라 했다. 얼마나 다급했는지 전화를 받자마자 사정을 이야기하기 바빴다. 전화상으로 목소리만 듣고도 얼마나 절실한 문제인지 느낄 수 있었다.

우선 벼락치기로라도 최선을 다해 준비한다면 좋은 결과가 있을 거라고 안심시켰다. 설사 떨어지더라도 다음 번 시험에는 큰 도움이 될 테니 여유를 갖고 하자며 대화를 이어갔다.

"선생님, 시험은 어떻게 이뤄집니까?

"개별면접과 토론면접으로 진행이 됩니다. 시간은 둘 다 20분 가량 될 것 같습니다."

정말 촉박한 시간이었다. 하지만 면접이라는 것은 몰라서 그렇지 그 원리만 알고 나면 그렇게 두려워할 일이 아니다. 면접에서도 일상에서 말하는 것처럼 할 수 있어야 하고, 말을 잘 하려고 할 것이 아니라 어떻게든지 면접관과 통하려고 하는 마음가짐이 중요하다. 그래서 이런 점을 강조하면서 면접에서 준비해야 할 기초적인 사항과 주의할 점을 알려드렸다. 그리고 집에서 시뮬레이션을 통해 연습할 것을 당부했다.

이 분이 며칠 후에 면접 후기를 들려 주었다.

"처음에 토론시험부터 진행되었어요. 어라, 예상하고 준비했던 부분들이라, 수월하게 넘어갔습니다. 토론 주제도 평소에 생각했던 부분이라 비교적 자신 있게 답변을 했고요. 토론면접이 끝나고 개별면접만 잘 통과한다면 승진할 수도 있겠다는 기대와 욕심이 생겼습니다."

"잘 하셨네요. 대단하십니다. 개별면접은 잘 보셨나요? 면접장과 면접관의 분위기는 어땠나요?"

"그게 말입니다. 개별면접 장소에는 면접관 세 명이 앉아 있었어요. 어! 그런데, 면접관 세 분 중 한 분이 친분이 있는 과장님이었습니다. 그러자 약간 마음의 편안함이 찾아오더라고요. 그런데 질의응답이 진행될수록 상황은 이상하게 흘러가는 겁니다. 친분 있는 분이 나에게 더 혹독하게 질문을 던지는 거예요."

친분 있는 면접관이 자신에게 호의적이지 않을까 기대했지만, 오히려 더 혹독하고 엄격하게 면접이 진행됐다고 한다. 미처 생각지 못한 상황에 당황한 나머지 얼굴이 빨개졌고, 머릿속이 까매지고 경직되기 시작하면서 말도 제대로 하지 못한 채 면접이 끝나버렸다고 한다. 무슨 대답을 했는지 모를 만큼 그야말로 멘붕의 상태가 되어서 나왔다는 것이다.

"면접장에서 나오자마자 눈물을 펑펑 쏟았습니다. 직장생활 15년에 화장실에 가서 그렇게 눈물을 주룩주룩 흘린 건 처음입니다."

일명 압박면접이다. 상대를 일부러 곤혹스럽게 하거나 당황스럽게 만들어 어떻게 위기를 대처하는지 보는 면접법이다. 압박면접은 왜 볼까? 이것은 사회생활을 하면서 예상치 못한 상황과 위기에 처했을 때 어떻게 대처해 나가는지 그 능력을 평가하기 위한 것이다.

"학점이 이거밖에 안 됩니까?"
"실적이 왜 이렇게 저조하죠?"

이럴 때 정말 뭐라고 대답을 해야 할까? 무슨 말이 필요하겠는가? 이런 상황에 당당하게 대처하기 위해서는 평소에 잘 할 수밖에 없다. 아니면 얼른 그 순간에 학점이나 실적보다 더 뛰어난 자신의 장점을 부각시킬 수 있어야 한다. 평소에 자기분석을 잘 해 놓고, 어떤 상황이든 슬기롭게 대처하는 노력을 기울여야 한다.

그런데 그것보다 더 중요한 것이 바로 열린 마음이다. 아무리 면접이라도 내가 준비해간 말만 하려고 할 것이 아니라 상대의 입장에서 상대가 왜 저런 것을 물어보는지 생각해 봐야 한다. 그들도 사람이고, 나를 떨어뜨리기 위해 그러는 것이 아니라, 나의 소통능력을 평가하려고 그러는 것이다. 상대에 대한 선입견 없이 열린 마음으로 받아들이면, 그 상황을 있는 그대로 받아들여 그들이 필요로 하는 말로 적절히 대응함으로써 나의 능력을 최대한 발휘할 수 있는 것이다.

　세상은 생방송이다. 눈앞에 어떤 일이 벌어질지 예상하기 힘든 경우가 많다. 이때 필요한 것이 열린 마음으로 준비된 자의 여유를 즐길 수 있어야 한다. 설사 내가 준비한 것에서 부족한 것이 보인다 해도 즉석에서 임기응변으로 대처해 나갈 수 있어야 한다. 열린 마음으로 준비된 자의 여유를 즐길 때 가능한 일이다.

SOS의 S
(Self-confidence ; 자신감)

당당하고 빛나는 자신감을 가져라

프로모터인 돈 킹은, 세계적인 권투선수 '핵주먹' 마이크 타이슨을 세계 챔피언으로 만들기 위해 이기는 DNA를 심어주기로 결심했다. 첫 번째 선수는 약한 선수, 두 번째 선수는 좀 더 강한 선수, 세 번째 선수는 더더욱 강한 선수…. 이런 식으로 계속 이기는 시합을 하게 함으로써 타이슨에게 '나는 강하다' 는 자신감을 키워줌으로써 게임에서 항상 이기는 DNA를 심어준 것이다.

자신감은 나 자신에 대한 믿음이다. 자신감이 없으면 그 어떤 말도 힘이 없다. 따라서 말을 잘 하려면 확고한 자신감을 가져야 한다. 자신에 대한 믿음이 없다면, 남들 앞에서 나를 믿어달라고 자신 있게 말할 수가 없다.

스피치도 마찬가지로 처음부터 잘 하는 사람은 없다. 누구나 무대 위에 서면 떨리기 마련이다. 따라서 돈 킹이 타이슨에게 이기는 DNA를 심어준 방식을 적용할 필요가 있다. 처음에는 아주 편한 상대에게 말하는 연습을 하는 것이다. 그 다음에 좀더 낯선 사람 앞에서 말하는 연습을 하면, 나중에는 아주 낯선 사람 앞에서 말을 해도 자신있게 말하는 자신감을 가질 수 있다.

여기서 중요한 것은 끊임없이 말하는 자리에 서본다는 것이다. 가족 모임에서, 동아리 모임에서, 회의 석상에서, 기회 있을 때마다 말하는 연습을 하다 보면 자신도 모르게 자신감이 생겨 수천 명의 대중 앞에서도 당당하게 말할 수 있는 용기를 갖게 될 것이다.

쇼호스트가 되기 위해 처음으로 카메라 테스트 시험을 보고 온 제자가 있었다.

"선생님, 카메라와 환한 조명 앞에 서니 너무 떨려서, 입은 덜덜덜, 다리는 후덜덜 했어요. 무슨 말을 했는지도 기억이 안 나요. 너무 속상해요."

제자는 속상하다며 울음을 터트렸다. 그로부터 한 달 후였다. 다른 곳에 시험을 보러갔다. 이번에는 처음만큼 떨지 않아 준비한 것은 잘 말하고 왔다고 했다. 전보다 훨씬 자신감이 붙어 있었다.

"아, 나도 안 떨고 말할 수 있구나."

두 번째 시험에서 얻은 큰 소득이라고 했다. 카메라 앞에서 자꾸 서다 보니 자신감이 생긴 것이다.

자신감은 이렇게 생기는 것이다. 어느 한 순간 자신감이 생기기를 기다릴 수는 없다. 지금 할 수 있는 작은 일부터 시작해서 자꾸만 익숙하게 만들어 가는 것이다.

말을 잘 하고 싶다면 자꾸 사람들 앞에 서봐야 한다. 때로는 떨다가 아무런 말도 못하고 내려올 수 있다. 하지만 명심하자. 그런 경험이 수천 명의 대중 앞에서도 떨지 않고 말을 잘 하게 만들어주는 원동력이 된다는 것을.

충분한 준비로 자신감을 갖춰라

"저는 자신감이 없어요."

"저는 내성적이에요."

"자신감 있게 말하려면 어떻게 해야 하죠?"

스피치를 배우러 오는 교육생들에게 가장 많이 듣는 말이다. 자신감을 갖는 법을 학교에서 또는 집에서 부모님께 배워본 적이 있는가?

자신감은 성격과 성향과도 관계가 있으며, 성격과 성향은 어렸을 적 학습되어 온 환경에 영향을 받는다. 하지만 우리가 살아온 환경을 되돌이킬 수는 없기에 과거보다 현재에서 나의 자신감에 장애가 될 만한 것들을 찾아 극복하는 노력을 기울여야 한다. 자신감은 과거에 얽매이지 않고 늘 현재 진행형으로 진행되어야 한다.

아울러 자신감을 가지려면 먼저 충분한 준비를 해야 한다. 준비가 충분하면 자신감이 높아지는 것은 당연한 일이다. 취업준비생이 취업면접을 보러 면접관 앞에 섰다고 가정해 보자. 면접관은 이렇게 질문을 한다.

"자기소개를 해보세요."
"우리 회사에 왜 입사하였죠?"

벼락치기로 준비한 취준생이라면 회사와 직무에 대한 정보를 정확히 모른 채, 자신감 있게 대답할 수 있겠는가? 어떤 질문이 나올지 막연해서 긴장하고 떨릴 수밖에 없다. 눈빛은 점점 흔들리고 말 것이다

하지만 이 회사를 입사하기 위해서 1년 전부터 꾸준히 관련 기사를 스크랩하고, 필요한 능력을 개발하며 자격증을 취득하고, 자기소개와 예상 질문 리스트를 충분히 연습한 친구라면, 누구보다 자신 있게 답변할 수 있다. 내가 이곳에 왜 취업하고자 하는지, 내가 어떤 준비를 했는지, 자신에 찬 눈빛으로 말할 수 있다. 결국 면접 보는 회사와 직무에 대해 얼마나 알고 있는가, 그리고 얼마나 준비가 되어 있느냐에 따라 자신감은 달라질 수밖에 없다.

말을 잘 하기 위한 자신감도 마찬가지다. 사전에 충분히 준비를 해야 자신감도 생기는 것이다.

자신감을 갖기 위한 단계적 훈련방법!

1. 말하기의 재료를 충전하라

호기심을 가지고 다양한 정보를 알려는 노력이 필요하다. 사람들은 자신이 알고 있는 것에 대해 말하고 싶은 욕구가 있다. '굳이 나서서 말할 필요가 있는가?' 라며 뒤로 빼지 말고, 적극적으로 말하기를 시도해보자.

지금 당장 입을 떼어 보자.

책을 읽고 있는 지금 이 순간!

책 읽기를 멈추고 '오늘의 날씨'에 대하여 말해 보라!

이때 말을 잘 하려고 노력하지 말고 있는 그대로 머릿속에 떠오르는 생각들을 꺼내보자.

미사여구를 사용하며 맛있게 말하는 것은 다음 문제다. 입을 떼는 연습이 먼저다!

※ 처음에 말을 떼기 좋은 소재들

날씨 이야기, 어제 뉴스에 나온 사건 중 인상 깊었던 이야기, 최근 책에서 본 구절, 최근 본 영화 이야기 등등.

2. 말하기 전에 생각 정리하기

입을 떼는 훈련이 어느 정도 반복되면, 이제는 생각을 정리하여 말하는 습관을 들여야 한다. 하루 아침에 되는 일이 아니다.

꾸준히 뇌를 사용하면서 언어적 습관을 바꾸는 연습이 필요하다.

회사에서 자신의 의견을 말하거나, 친구끼리 자신의 생각을 말하거나, 일상에서 무엇인가 나의 의견이나 주장을 말해야 되는 자리가 있다면, 말이 나오는 대로 먼저 뱉어보는 게 아니라 스스로 자신의 생각에 대해 충분히 정리할 필요가 있다. 자신의 생각을 정리하고 말을 떼는 습관은 경솔한 언행을 줄일 수 있고, 분위기에 맞게 센스 있는 말을 할 수 있으며, 말실수를 줄일 수 있다.

※ 생각을 정리하는 방법

1. 내가 이야기하고자 하는 핵심 내용은 무엇인가?
2. 무엇부터 이야기를 할까?
3. 어떻게 마무리 할까?

3. 체면을 버리자

나의 생각이나 의견을 말하기 전에, '혹시라도 이 의견을 말하고 창피를 당하면 어쩌나?' 하는 소극적인 자세를 버려야 한다. 사람들은 생김새가 다르듯 생각도 모두 다르다. 남과 나는 다르다는 것을 인정하고 내 생각을 소신 있게 말하는 연습을 해야 한다. 내가 생각하는 것보다 상대는 내 생각을 존중하고 있다는 생각을 갖고, 내가 한 말에 대한 그 어떤 결과도 책임지겠다는 용기 있는 자세로 소신 있게 말하는 습관을 들여야 한다.

끊임없이 도전하자

자신감은 도전하는 사람에게 찾아온다. 도전 속에 성공한 경험들이 축적될 때 쌓이게 된다. 도전이나 시도를 하지 않는다면 자신감을 만날 기회조차 없다.

자신감을 가지려면 앞서 소개했던 마이크 타이슨의 실례처럼 실현 가능한 작은 것부터 목표를 세우고 이루는 연습을 해나가야 한다. 특별히 남 앞에 서는 것이 두렵고 자신이 없다면 나의 마음에 자신감을 주지 못하는 요소가 무엇인지 살펴보고 제거해 나가자.

남 앞에 서기만 하면 말을 잘 못하는 사람들은 대개 다음과 같은 마음의 상처, 곧 말 못하게 만드는 트라우마를 갖고 있는 경우가 많다.

어렸을 적, 발표시간을 망쳤던 기억, 면접관 앞에서 아무 말도 못하고 나온 창피했던 기억, 압박면접을 하고 돌아 나오며 울었던 기억, 상사 앞에서 아무 말도 못하고 우물쭈물했던 기억, 연인에게 내 감정을 표현 못하고 헤어졌던 기억 등등.

이런 트라우마에서 벗어나려면 작은 자리에서라도 발표를 시도하며 성공경험을 쌓아가야 한다. 남 앞에 서서 말하는 기회를 갖기 위해 도전해야 하고, 끝까지 밀어붙이는 끈기가 필요하다. 성공한 사람과 실패한 사람의 차이는 크지 않다. 99번을 실패하다가 100번째 성공한 사람이 있는가 하면, 99번에서 멈추는 바람에 눈앞에서 기다리고 있는 성공을 스스로 차버리는 경우가 있다. 될 때까지 하겠다는 끈기 근성을 갖고 밀어붙여야 한다.

"1퍼센트의 가능성만 있어도 포기하지 않는다. 우리는 할 수 있다."

산악인 박영석 씨가 54일간 원정 끝에 2005년 5월 1일 북극점에 올라 섬으로써 세계 최초로 그랜드슬램을 달성한 후에 한 말이다.

말을 잘 하려면?
이처럼 끊임없이 도전하고 끈기 있게 밀고 나가야 한다. 그렇게 긍정적인 경험을 쌓다 보면 그것이 생활화되어 저절로 말을 잘 하는 사람으로 서게 되는 것이다.

낮은 자존감 높이는 말하기 5단계

1. 자신을 인정하는 말을 하자

자기 자신을 대하는 태도는 어렸을 적부터 형성된다. 부모에게 받은 상처 학교에서 겪은 과거의 경험에 대한 집착이 스스로를 미워하게 만든다. 인정하기 싫은 과거의 모습을 기꺼이 받아들이고 인정한다.

"그래 나를 있는 그대로 받아들이자, 세상에 나는 단 한 사람, 특별하다."

2. 자신을 용서하는 말을 하자

인간이라면 누구나 실수하고 실패한다. 이때 자신을 질타하거나 창피해 하면 이를 극복하는데 어려움을 겪는다. 일순간의 잘못이나 실패가 인생 전체를 좌지우지하지 않는다는 것을 기억하고 자신을 용서하자. 자신안의 불순물을 제거하자.

"그래, 실수 안 하는 사람이 어디 있나.
누구나 실수할 수 있지, 모두 용서하자."

3. 새롭게 도전하는 마음을 갖는다

자신의 태도와 의지에 따라 얼마든지 건강하게 가꿀 수 있다. '지금부터 시작이다' 라는 마음을 갖는다.

"그래, 지금부터야! 새롭게 시작해보자"

4. 나에 대해 1일 1칭찬하는 말을 하자

자신을 과소평가하지 말자. 자신을 과소평가하고 실수에 예민하게 반응하기 때문에 항상 자신을 격려하고 용기를 북돋아 주는 자세가 필요하다. 나를 격려하고 칭찬하면 긍정적인 에너지를 받아 힘을 낼 수 있다. 오늘 나에게 칭찬을 한 가지 해보자.

"그래 오늘은 OO을 잘 했어. 파이팅!"

5. 나 자신에 대해 긍정적인 말을 하자

주변에 긍정적인 자기 확신의 에너지가 퍼지도록 입으로 뱉어보자. 부끄러움을 버리고 당당하게 부러움의 대상이 되어보자.

"나는 할 수 있다. 할 수 있다."

02

**말을 잘 하려면?
메씨지 S4를 기억하라**

메시지 S4 ──────
Social, Special, Smart, Simple.

호감을 불러일으키는 Social Speech

논리적으로 똑 소리나는 Smart Speech

선명하게 기억하게 만드는 Special Speech

깔끔하고 분명하게 말하는 Simple Speech

관계를 유지하고 호감을 불러일으켜라
- S4의 첫 번째 S (Social Speech ; 소셜 스피치)

"행복은 물질이 아니라 관계에 있다."

아무리 가지고 싶어하는 집과 보석을 소유했어도 으리으리한 집에서 함께 사는 사람과의 관계가 좋지 않다고 생각해보자. 사람과의 관계가 깨지면 마음의 중심도 깨지기 쉽다.

Social의 사전적 의미는, '사회의, 사회적인, 사교상의'란 뜻인데, 사회 구조 속에서 개인의 위치와 관련된 형용사로 '많은 사람들이 이어지는'이라고 말할 수 있다.

사회 속에서 묶여져 있고 연결되어 살고 있는 현대인들에게는, 정보를 교환하고 감성적인 유대를 만들어가며 소통하면서 남들과의 관계를 의식하고 중요시하는 관계 중심적인 스피치가 필요하다. 그래서 고안한 것이 관계를 좋게 하는 스피치, 소셜 스피치(Social Speech)다.

반감, 동감이 아닌 공감의 대화를 익히자.

"오늘, 점심식사는 짜장면 어때?"

"짜장면? 말도 안 돼, 오늘처럼 더운 날에 무슨 짜장면이냐? 냉면 먹자. 냉면 먹어야 맞지!"

동료A는 짜장면이 먹고 싶다는 말을 꺼냈다가 B군에게 거절당했다. B군의 말도 맞지만, A는 오늘 유독 짜장면이 먹고 싶었는데 단칼에 거절을 당한 것이다. A군은 속으로 생각한다.

'이렇게까지 무안을 주면서 딱 거절할 필요가 있어?'

물론 겉으로 표현하면 너무 소심한 사람처럼 보일까 봐 아무렇지 않게 냉면을 먹으러 간다.

얼마 후, 아이디어 회의를 진행했다. A군은 나흘 동안 열심히 고민해서 만든 기획안을 가지고 발표를 했다. 발표를 마치자 B군이 이야기한다.

"너무 실현 불가능한 아이디어 아니에요? 저는 별로인 것 같네요. 차라리 제 생각에는…."

동료A는 기분이 나빠졌다. 그리고 은연중에 B동료와 거리를 두게 된다. '저 친구는 내 의견에 맨날 반대야! 밥 먹는 것부터 일하는 방향까지

나랑 완전 스타일이 달라. 코드가 전혀 맞지 않아. 저 친구 정말 별로
야.'

　동료 A와 B는 점점 사이가 멀어져 간다.
　이처럼 사사건건 상대의 말을 무시하고 단호하게 자신의 말을 하는 B
군의 화법은 분명히 문제가 있다.

　우리는 일상에서 이런 경우를 많이 본다. 자신도 모르게 사소하지만
반감을 사는 말투 때문에 관계에 문제를 일으키면 결국 손해는 자신에
게 돌아온다. 따라서 우리는 수시로 나의 말하는 습관을 살펴서 이런 손
해를 보지 않도록 해야 한다.

　"아니야! 그게 아니야!"
　"말도 안 돼!"
　"무슨 헛소리야?"
　"틀렸어!"

　내 이야기가 끝나는 동시에, 말의 서두머리에 '아니야. 안 돼!' 라는
표현을 들으면, 기분이 어떤가? 설령 내 말이 틀린 말이라도, 옳고 그름
을 떠나 이미 말이 끊겼다는 것 때문에 감정이 상해 더 이상 원만한 대
화를 이끌어가기 힘들다. 그런 상대와 다시 만나 계속 이야기를 이어가
고 싶지 않은 것은 어쩔 수 없는 일이다. 관계가 틀어지는 것은 말할 필
요도 없다.

우리는 상대의 생각이나 주장이 나와 다르거나 이해가 되지 않을 때를 자주 마주 한다.

일상에서 부부간에도 아내는 사교육에 투자하며 자녀교육을 하고 싶지만, 남편은 사교육이라면 고개를 절레절레 흔들며 아내와 다른 방향으로 아이를 키우고 싶어 할 수 있다. 서로의 의견이 다를 수는 있다. 문제는 의견이 다른 게 아니라 그것을 어떻게 조율해 나가냐는 것이다. 그래서 소통의 말이 필요한 것이다.

직장에서도 마찬가지다. 동료와 대화를 나누거나 소소한 대화를 나눌 때에도 상대방 의견과 다른 생각을 충분히 가질 수 있다. 하지만 즉각적으로 반대의사를 표시하면 의견의 옳고 그름을 떠나 감정이 상해 관계의 단절로 갈 수 있다. 그 어느 때보다 소통의 말이 필요한 것이다.

이때 처음에는 이해가 되지 않아도 인내를 가지고 좀 더 이야기를 들어주며, 상대의 이야기에 수긍하는 표시를 줘보자.

"아하. 그렇구나!"
"네 말 뜻이 뭔지 알겠어."
"그럴 수도 있겠구나."

이렇게 고개를 끄덕여 주며 동감을 표현해 보자. 상대는 자신이 인정받는 것 같아 내게 호감을 가질 것이다.

동감보다 상대의 마음을 얻는 것은 공감이다. 공감은 정보를 공유하고 이해하는 데 그치지 않는다. 정보와 함께 감성을 터치하며 공유하는 것이 공감이다.

"그랬구나. 나도 그 이야기를 들으니 정말 기쁘다."

"그 이야기를 들으니 나도 정말 마음이 아파…."

이렇게 공감을 해주면 상대의 마음을 완전히 사로잡을 수 있다.

반감 & 동감 & 공감의 대화공식

1. 반감을 사는 대화공식

상대의 의견을 공유하지 않는다.

자신의 이야기만 전한다.

"나는 이렇게 생각합니다."

2. 동감을 사는 대화 공식

정보만을 공유한다.

"무슨 뜻인지 알겠습니다."

3. 공감대를 형성하는 대화 공식

정보와 감정까지 공유한다.

"무슨 뜻인지 알 것 같습니다. 저도 정말 기쁩니다."

첫인상에 호감을 주는 대화법을 익히자

첫사랑, 첫출근, 처음이라는 것은 늘 새롭고 풋풋하다.

새 학기가 시작되는 어느 3월, 나는 대학 개강 첫날 캠퍼스에 발을 내디뎠다. 아직 추위가 물러나진 않았지만, 여기저기 새내기들을 환영한다는 응원 글과 신입생 유치를 위한 동아리들의 아기자기한 벽보 글씨를 보니 풋풋한 봄 향기가 절로 느껴졌다.

새내기들은 누구보다 들뜨고 설렌다. 새로운 친구들과 선배, 교수님 등 새로운 사람들과 만남의 기회가 자주 생긴다. 반면 기대감과 설렘 뒤에 새로운 환경에 적응하고 새 친구들을 사귀어야 하는 부담감도 적지 않다.

이때 누구보다 호감 가는 좋은 이미지로 비춰지는 방법을 배우자. 그 방법으로 '상대에게 호감을 주는 대화법'을 소개해 본다.

첫째, 상대에게 호감을 주는 대화법은 그 사람에 대해 '관심'을 보이는 것이다. 하버드대 다이애나 태미르 교수 연구팀의 뇌 실험을 보면, 사람들은 자신에 대해 이야기할 때 뇌에서 돈이나 맛있는 음식으로 인해 느끼는 행복감과 비슷한 반응이 나온다고 한다.

"이디에서 왔니?"
"집이 어느 쪽이니?"
"나랑 비슷한 색깔의 옷을 입었네."

친구가 먼저 말을 걸어오기 바라면서 멀뚱멀뚱 서있는 것이 아니라 먼저 말을 건네 보자. 이때 상대가 부담 없이 대답할 수 있는 쉬운 사실이나 정보부터 던져보는 것이 좋다.

둘째, 상대에게 호감을 주는 대화법은 '칭찬'이다. 칭찬은 고래도 춤추게 한다는 말이 있듯, 사람들은 자신에 대해 인정해주거나 긍정해 줄 때 뇌에서 긍정 호르몬이 분비된다. 실제로 칭찬을 적극적으로 해주면 쾌감을 주는 도파민 호르몬이 잘 분비돼 부정적인 생각이 사라지게 된다는 연구결과가 있다.

관심이 가는 친구에게 어떻게 칭찬해야 할지 모르겠다면 가장 간단한 '공감' 칭찬법을 써보자. 상대가 말하는 내용을 잘 듣고 고개를 끄덕이며 공감을 표시하는 것이다. 특별한 칭찬의 말을 하지 않아도 나는 너의 의견에 동의한다는 뜻이 전달돼 호감지수가 올라간다.

"우와, 너는 안내문 내용을 다 숙지하고 있구나, 정말 꼼꼼하고 기억력이 좋다."

여기에서 좀 더 적극적으로 칭찬할 용기가 생긴다면, '비유' 칭찬법을 써보자.

"와, 정말 연예인 문근영처럼 동안이다."
"피부가 아기같이 좋아 보인다."

상대방의 장점이나 매력을 구체적인 비유로 들면 상대의 기분은 좋아진다.

상대에 대한 진심을 표현하는 기분 좋은 대화법으로 좀 더 긍정적이
고 유쾌한 하루를 만들어보는 것은 어떨까?

"칭찬은 가슴으로 하는 경영행위이다"

'피그말리온 효과' 라는 말이 있다. 타인의 기대나 관심으로 인
하여 능률이 오르거나 결과가 좋아지는 현상이다. 일이 잘 풀리
지 않아 어깨가 축 쳐진 남편에게, 수능을 얼마 앞두고 성적이
떨어진 자녀에게, 취업에 수십 번 낙방하고 있는 취업준비생에게
칭찬 한 마디 해보자.

※ 칭찬의 기술
1. 즉각적으로 하라.
2. 과정을 칭찬하라.
3. 인격을 칭찬하라.
4. 구체적으로 하라.

부드럽게 거절하는 방법을 익히자

"내일 시간 있어요?"

"무슨 일이세요?"

"아니, 저녁이나 먹을까 해서."

"아, 저녁 좋죠. 그런데 어쩌죠. 저도 그리고 싶은데 이미 선약을 잡았네요."

용기 내 부탁을 하거나 제안을 했는데 상대방이 단칼에 거절한다면? 좋은 관계를 유지하기가 힘들어질 수도 있다.

하지만 모든 부탁을 들어줄 수도 없는 노릇이다. 분명히 들어 줄 수 있는 것이 있고, 들어 줄 수 없는 부탁이 있다. 이럴 때 최대한 상대방의 기분을 상하지 않게 하면서 내가 하고 싶은 의사를 정확하게 말하는 방법이 필요하다.

바로 부드럽게 거절하는 기술이다. 이것을 "Yes, But~" 화법이라고 한다.

"예, 좋죠. 하지만 저는~"이라고 말하는 방법이다. 일단 상대방의 의사를 인정한 후 내 의견을 말해 상대의 자존감을 지켜주는 표현이다. 이것은 상대방과 의견차이가 있거나, 상대방의 부탁을 거절해야 할 때, 상대방 기분을 최대한 상하지 않게 말하는 방법으로 잘 익혀서 적절하게 활용할 줄 알아야 한다.

부드럽게 거절하는 공식

"Yes, But~",

"예, 그것도 좋아요. 하지만 저는~"

배려의 HOW 화법을 익히자

"교수님, 저, 정말 이제 일을 그만 두어야겠어요. 진상 손님들이 너무 많아서, 더 이상 스트레스 받아 일을 못하겠어요."

서비스직에 종사하고 있는 25살 K제자가 상담을 요청했다. K는, 여기가 3번째 직장이다. 고객을 상대하는 일이 너무 고되다고 한다. 하지만 직장을 그만 두면, 어떤 일을 해야 할지 막막해 할 수 없이 다닌다며 신세 한탄을 했다.

"요즘 무슨 일이라도 있었니?"

"네, 한 손님이 커피를 마시러 오셨는데, '주차장이 어디 있냐?'고 묻더라고요. 그래서 '저희는 주차장이 따로 마련되어 있지 않습니다.'라고 했죠. 그랬더니 손님은 인상을 찌푸리더니 한참 뒤에 커피숍을 다시 들어왔어요. 아마도 다른 곳에 주차를 하고 왔나 봐요. 조금 있다가 그 손님이 화장실을 찾더라고요. '화장실이 어디 있죠?' 그래서 '네, 건물 밖으로 나가 오른편에 있습니다.' 라고 했죠. 그랬더니 '건물 밖에 있다고요? 거참, 날도 더운데 밖에까지 나가야 된다고요. 에이 씨.' 라며 괜히 저한테 짜증 부리더니, 욕을 하면서 나가더라고요. 화장실이 밖에 있는 걸 나보고 어쩌라고요. 커피숍에 있으면서 이상한 손님들 참 많이 만나요."

"아, 그 손님은, 나도 아는 분이야. 그 날 아마, 커피숍에서 중요한 미팅이 있었던 걸로 알고 있단다. 주차장이 있는 줄 알았는데 없어서 주차할 곳을 한참 동안 찾으며 약속에 늦을까 봐 많이 초조해 하셨을 거야. 물론 시간 계산을 넉넉히 못하고 나온 손님의 잘못도 있지만, 그럴 때 이렇게 말해보는 건 어땠을까? '고객님, 죄송하지만 저희는 주차장이 따로 구비되어 있지 않습니다. 이 근처에서 가장 가깝게 주차할 수 있는 공간은 2분 거리에 있는 00공영주차장인데요. 나가시자마자 오른쪽으로 직진하면 금방 찾으실 수 있을 겁니다. 혹시 못 찾으실 수도 있으니 00 공영주차장의 주소는 여기 있습니다.' 이렇게 말하면 손님이 좋아하고, 우리 카페를 계속 찾아주지 않을까?"

"아, 제가 인근 주차장까지 미리 알아두었다가 알려주라는 말씀이시죠?"

"그래, 그리고 주차장까지의 시간 계산도 가능해서 배려해 주는 말을 하는 거지. 그러면 너에게 오히려 고마운 마음이 들 수도 있단다."

"화장실 문제는요? 제가 잘못 말한 게 뭔가요?"

"화장실의 경우는, 그 손님이 본인의 감정을 내뱉으며 욕을 한 점은, 성숙하지 못한 행동이지. K가 컨트롤 할 수 있는 부분은 아니잖아. 다른 직장엘 가도, 다른 일을 구해도, 어디에든 성숙하지 못한 행동이나 말을 하는 사람들은 있기 마련이야. 그때마다 스트레스를 받고 직장을 옮기면 K만 손해일 수 있어. 상대의 입장에서 저렇게 할 수밖에 없는 이유가 있었을 거라고 생각하면 화가 덜 날 수 있다. 아직은 사회 초보생이라 그런 거라, 점점 나아질 거야. 그리고 스트레스를 푸는 K만의 방법을 만드는 게 좋다. 운동신경이 좋으니, 퇴근 후 댄스스포츠를 배우거나 음악을 감상하거나 등등 너만의 스트레스 관리법을 만들어보면 어떨까?"

"맞아요. 교수님. 상대의 입장에서 좀더 생각하고, 배려하는 말을 해야겠어요. 그리고 저만의 스트레스 관리법도 꼭 만들어 볼게요!"

K는 지금 그곳에서 전체 관리 매니저로 인정받고 일을 잘 하고 있다.

이처럼 상대의 입장을 이해하고, 상대를 배려하여 앞으로 일어날 일을 미리 예측하여 구체적인 행동방침을 제시해 주거나 구체적 정보를 제공하는 것을 HOW 화법이라고 한다.

ON AIR

"WHY 화법보다 HOW 화법을 쓰자"

'왜 그렇게, 왜 그런 행동을 하지?' 라고 되묻기보다,

'이러한 방법과 대안도 있다' 는 것을 알려주자.

논리적으로 똑 소리나게 말하라
- S4의 두 번째 S (Smart Speech ; 스마트 스피치)

스마트폰이 이천만 시대를 넘어섰다. 학교에서도 스마트 러닝이 도입되었다. 스마트폰이 등장하면서 사람들 또한 스마트해 지는 기분이다. 궁금한 것은 스마트폰을 이용해서 금방 알 수 있고, 음악이 듣고 싶으면 엠피 쓰리로 다운받아 듣고, 영화도 본다. 모르는 길은 내비게이션 앱을 이용하면 쉽다.

"당신 참 스마트하네요."

누군가에게 이런 말 들으면 기분 좋다. 영리하고 재치있고 똑똑하다는 칭찬으로 들리기 때문이다. '스마트하다' 의 사전적 뜻은 '맵시 좋은, 말쑥한, 똑똑한' 으로 등재되어 있다.

이처럼 '말끔하고, 똑 소리나게' 말을 잘 하려면 상황과 대상을 적절하게 파악하고 기본적으로 논리력을 갖춰야 한다. 스마트 스피치에서 다루는 매우 중요한 부분이다.

지피지기, 스피치 고수가 되자

지피지기면 백전백승!

적을 정확히 알아야 백번의 싸움에서 백번 승리할 수 있다. 하지만 적에 대한 아무런 준비없이, 자신감 하나 가지고 무방비로 싸움터에 나갔다간 큰 낭패를 볼 수 있다.

말하기도 마찬가지다. 특별한 목적을 가진 비니니스 설득이나 협상을 해야 하는 자리라면 더욱 그렇다. 스피치 고수들은 말하기 전에 청중을 자세히 파악하는 특징이 있다. 지피지기에 고수들인 것이다.

그럼 무엇을 파악하면 되는가? 먼저 청중을 파악하기 위해 다음과 같이 질문하고 그 대답을 준비해 나가야 한다.

(1) 청중은 누구일까?

남성인지 여성인지, 젊은층인지, 중장년층인지, 사회적 계층이나 직위가 어떻게 되는지 객관적인 정보를 찾아야 한다. 성별, 연령별, 계층별 파악을 해야 한다.

(2) 청중의 성향은 어떠한가?

한 사람의 성향과 특성을 결정하는데 뇌는 중요한 역할을 담당한다. 좌·우뇌의 기능을 밝혀내 노벨상을 받은 로저 스페리Roger Sperry 박사는 "좌뇌는 이성과 합리적 분석을 통한 논리적 사고와 비판력 및 계획하는 능력을 담당하고, 우뇌는 감성과 상상력 및 창의력을 담당한다."고 했다. 사람과 마찬가지로 기업도 좌뇌형, 우뇌형으로 나눌 수 있다고 했다.

① 좌뇌형 기업 종사자

성과를 중심으로 일한다. '좌뇌형'이 발달된 집단은 논리적이고 체계적인 사고를 가지고 판단하는 경향이 있다. 정확한 정보와 근거자료를 바탕으로 이해하는 경향이 있다. 감성에 호소하는 설명과 비약은 신뢰감을 떨어뜨리므로, 철저한 분석과 통계, 그리고 그에 맞는 사례를 중심으로 설득해야 한다.

전문직 종사자들이나 교육자 등 사무직 연구직 직종의 사람들이 많다. 다국적 경영 컨설팅 회사인 맥킨지(Mckinsey)가 좋은 예다. 물론 컨설팅이라는 업종 특성은 있지만 맥킨지는 문제 파악을 위한 미시(MECE : Mutually Exclusive Collectively Exhaustive)적 사고법과 로직트리(Logic tree)를 사용한다. 미시(MECE)적 사고란 서로 중복되지 않으면서 각각의 합이 전체가 되게 하는 분석적 사고법을 말한다. 로직 트리(Logic tree)란 주요 과제의 원인이나 해결책을 미시적 사고 방식에 기초하여 나뭇가지 형태로 분해하여 정리하는 방법을 말한다.

② 감정형 기업 종사자

'우뇌형'이 발달된 집단으로, 시간을 투자하면 알 수 있는 객관적 자료보다는 그들의 가슴 속 욕망이나 신뢰, 사랑 등 추구하는 감정선을 중요하게 여기는 경향이 있다. 우뇌형 기업은 창의성과 혁신성이 강한 기업 문화를 가지고 있다. 이들 기업은 직원들의 남다른 시각과 유연한 사고, 참신한 아이디어를 높이 사며, 이를 촉진하는 풍토 조성에 무게 중심을 두고 있다.

'스카치 테이프', '포스트 잇' 등으로 유명한 3M이 우뇌형 기업의 특징을 잘 보여준다. 3M은 구성원들의 혁신적인 사고와 창의성을 이끌어 내는 것을 경영의 역점으로 삼고 있다. 잘 알려진 '15%룰'이라는 제도로 직원들이 자신의 근무 시간 중 15% 정도를 자기가 맡은 일상 업무 이외의 창조적인 연구에 활용하도록 하고 있다.

– 출처: LG경제연구원, 주간경제 814호

(3) 청중의 눈높이는 어느 정도일까?

청중의 지식수준이나 전문성, 이해 가능한 범위를 파악해야 한다. 청소년들에게 어려운 고사성어를 구사하며 강의할 경우, 학생들은 어렵고 따분해할 것이다. 반면 학식이 높은 과학자들에게 이미 다 알고 있는 과학 기초지식만 언급할 경우, 번데기 앞에서 주름잡는 식으로 청중을 자극하지 못하고 흥미롭지 못한 강의로 끝날 것이다.

청중에 대한 지식과 욕구수준을 미리 파악해야 한다.

(4) 청중은 여기 왜 앉아 있을까?

청중이 원하는 것이 무엇인지, 기대하는 것이 무엇인지 청중 입장에서 고민해보자. 청중의 입장에서 그들의 고민을 생각하고, 그들에게 내가 줄 수 있는 솔루션이 무엇인지, 그들에게 안겨줄 이득이 무엇인지 준비하자. 이것이 명확하지 않으면 청중은 시간낭비였다고 생각할 수 있다.

(5) 내가 제공해줄 구체적인 행동은 무엇인가?

청중의 입장에서 고민하고 나의 메시지를 청중이 수긍하도록 제공했다면, 그 다음 청중이 손쉽게 내 의견을 따르도록 할 수 있는 구체적인 행동제시가 있어야 한다. 마지막에 이 행동제시가 없다면 청중은 '그래서 뭘 하라는 거지?' 라며 강의의 질을 깎아내리게 된다.

(6) 메시지에 청중이 반박할 부분은 없는가?

청중들에게 금기시 하거나 주의해야 될 부분은 없는가? 청중과의 거리를 멀게 하는 장애물들을 검토해 봐야 한다. 종교와 정치 이야기는 특히 신경을 써야 한다. 종교와 정치적인 신념은 쉽게 바뀌지 않기 때문이다.
그래서 청중의 성별, 나이, 성향, 눈높이, 청중에게 필요한 솔루션과 행동방안 등을 종합적으로 살펴봐야 한다.

내가 원하는 것만 말하는 일방적인 말하기가 아니라 청중의 마음과 생각을 미리 읽고 청중을 충분히 분석한다면, 내가 원하는 방향으로 설득이 한결 쉬워질 것이다.

OBC, 성공적인 말하기 3공식을 익히자

안녕하세요. 화제 집중 OOO입니다.

요즘 날씨가 많이 덥죠? 부산 해수욕장은 예정보다 일주일 일찍 개장을 했다고 하는데요.

점점 찌는 듯한 더위에 피서 계획을 세우시는 분들 많으실 텐데요. 그래서 준비했습니다. 오늘 이 시간은 이색 피서지를 소개해 드릴 텐데요.

남들과 똑같은 피서는 가라!

오늘 저희와 함께 하시면 좀더 시원하고 좀더 특별한 알짜 피서지 정보 얻을 수 있을 겁니다. 채널 고정하세요!

데일리 TV 매거진 프로그램의 MC의 대본이다. 방송 프로그램의 아나운서가 말하는 것을 잘 들으면 일상에서 말 잘 하는 좋은 팁을 얻을 수 있다.

방송은 시간의 제약이라는 특수성을 가지고 있기 때문에 정해진 시간 안에 효과적으로 핵심내용을 잘 전달하는 구성을 가지고 있다. 한 시간짜리 프로그램이 있다면, 그 안에 몇 가지 내용을 어떻게 배열할지, 시간이 오버되지 않도록 시간에 맞게 알차게 내용을 준비한다.

면접에서 자기소개는 보통 1분 안팎으로 진행되고, 입찰 프레젠테이션은 15분 안팎, 기업에서 중요한 안건에 관한 프레젠테이션은 보통 30분 내외로 진행된다.

정해진 시간 안에 효율적으로 핵심내용을 잘 전달하려면 말의 뼈대가 중요하다. 건물을 지을 때, 당장 집부터 짓는 것이 아니라 먼저 설계도를 그리는 것과 같다. 말하기도 이처럼 설계를 먼저 한 다음에 해야 효율적으로 뜻을 전할 수 있다.

방송프로그램에서 설계도는 큐시트다. 앞서 소개한 화제집중 55분짜리 TV 프로그램이 있다면, 55분 가운데 5분은 시청자와 인사를 나누고 게스트를 소개하는 오프닝을, 나머지 45분은 특별한 피서지 3곳을 각각 15분씩 소개하고, 나머지 5분은 프로그램 정리인사를 하도록 계획을 짜 놓는다.

이것을 **미디어 OBC 공식**이라고 한다. **처음(Opening), 중간(Body), 마무리(Closing)의 3단구성**을 말한다. OBC, 즉 3단구성은 다음과 같이 이뤄진다.

(1) 오프닝(Opening)

오프닝(O)에서는 인사를 나눈 후, 오늘의 주제인 핵심내용을 먼저 말해준다. 정해진 시간 안에, 꼭 필요한 말은 모두 해야 하기 때문에 두괄식으로 주제를 먼저 말하는 것이 효과적이다. 그리고 나서 시청자에게 기대감을 형성해주는 말로 마무리한다. 즉, O에서는 인사, 주제, 기대의 3요소를 잘 배치해야 한다.

인 사 : 안녕하세요. 화제 집중 OOO입니다.
주 제 : 요즘 날씨가 많이 덥죠? 부산 해수욕장은 예정보다 일

주일 일찍 개장을 했다고 하는데요. 점점 찌는 듯한 더위에 피서 계획 세우시는 분들 많으실 텐데요. 그래서 준비했습니다. 오늘 이 시간은 이색 피서지를 소개해 드릴 텐데요. 남들과 똑같은 피서는 가라!

기대감 : 오늘 저희와 함께 하시면 좀더 시원하고 좀더 특별한 알짜 피서지 정보를 얻을 수 있을 겁니다. 채널 고정하세요!

(2) 바디(Body)

바디(B)에서는 본격적으로 핵심 내용을 펼친다. 본론으로 들어가는 것이다. 주제에 대한 내용을 사례중심으로 소개하는데, 이때 하나, 둘, 셋, 이렇게 세 가지로 요약하는 것이 효과적이다.

프레젠테이션의 최고봉인 스티브 잡스는 3의 법칙을 사랑한 대표적인 인물이다. 그는 2005년 스탠퍼드대 졸업식 축하 연설에서 '항상 갈구하라, 늘 우직하라(Stay hungry, stay fo olish)'라는 연설의 시작을 이렇게 했다.

"오늘 저는 여러분에게 내 인생에서 일어났던 세 가지 이야기를 하고 싶습니다. 별로 대단한 이야기는 아닙니다. 딱 세 가지입니다."

반복할 때도 반드시 3의 법칙을 사용한다. 토니 블레어 전 영국 총리는 어느 연설에서 이렇게 활용했다.

"우리의 우선순위는 교육 · 교육 · 교육입니다. (Our priorities are Education, Education, Education)"

3이란 숫자는 머릿속에 잘 기억되게 만든다. 한두 가지 정보는 조금 부족해 보이고, 서너 가지 정보는 너무 많아서 시청자들에게 기억되기가 어려울 수 있다. 그래서 '3의 법칙'이라는 말이 있을 정도로 3이란 숫자는 말하기의 방법에서 자주 사용하는 기법이다.

(3) 클로징(Closing)

클로징(C)에서는 다시 한번 주제를 강조하면서 마무리 짓는 것이다. 사람은 누구나 망각을 한다. 따라서 조금 전에 한 말이라도 다시 한번 정리를 해줘야 메시지를 더욱 선명하게 전달할 수 있다. 그래서 클로징에서는 간단하게 재정리를 하거나, 사람의 마음을 움직일 수 있는 임팩트 있는 문구나, 명언 같은 것을 사용하는 것이 좋다.

"무엇보다 최고의 피서는, 사랑하는 사람과 함께 하는 피서입니다. 어디로 가는 것보다, 누구와 함께 하는 것이 중요하겠죠. 지친 여름 사랑하는 가족과 행복한 시간되시기 바랍니다."

이렇게 마무리를 하면, '그래! 올 여름 가족하고 오랜만에 떠나보자. 소개해 준 피서지를 검색해 보자.' 하고 피서지를 다시 한번 확인해보는 행동을 유발시킬 수 있다.

OBC 성공하는 말하기 공식

첫째 : O(처음, Opening) : 인사, 주제, 기대감

둘째 : B(중간, Body) : 하나, 둘, 셋, 3가지 사례 제시

셋째 : C(마무리, Closing) : 요약·정리, 강조

REPORT, 스마트 보고공식을 익히자

부하 : 이번에 새로 구상한 패션사업에 대한 구상안입니다. 정말 열심히 준비했습니다. 봐주십시오.

상사 : (한번 쭉 보더니) 다시 해 와.

부하 : 어디가 어떻게 마음에 안 드시는지요?

상사 : 처음부터 끝까지 다 마음에 안 들어!

부하직원은 한숨을 푹푹 내쉬면서 돌아간다. 직장생활을 하면서 상사와 부하가 일으키는 갈등 중에 하나가 바로 이처럼 보고 상황에서 벌어진다. 보고는 단순한 내용전달이 아니라 상사와 부하의 소통에서 업무와 직결되어 있기에 매우 중요한 요소다.

직장에서 보고의 형태는 다양하다. 상사의 지시를 받아 실행안을 작성하거나, 중간 진행상황을 보고하거나, 새로운 아이디어를 보고하는 등. 이때 제대로 보고하지 못하면, 대놓고 상사에게 꾸중을 듣거나, 처음부터 일을 다시 해야 하는 번거로움이 따른다. 설사 상사가 겉으로 표현하지 않더라도 속으로는 부하의 능력을 평가하고 일에서 배제하는 경우도 있다. 보고 상황에서의 갈등을 해결하지 못하면 돌이킬 수 없이 상사와 관계가 악화될 수 있다.

보고는 상사와 부하 간에 매우 중요한 소통의 통로다. 보고를 잘 하면 성공가도를 달릴 수 있지만, 보고를 못하면 소통의 문제를 일으켜 번번이 성공으로 가는 발목을 잡힐 수 있다.

따라서 성공적인 보고를 하려면 스마트한 보고를 할 줄 알아야 한다. 우선 일의 첫 단계부터 상사의 의도와 방향을 정확히 파악하고, 중간 중간 진행상황을 상사에게 보고하며 수정할 부분은 없는지 피드백을 받아야 한다.

그러면 상사는 부하가 어떻게 일하고 있는지 과정을 알고 있기 때문에 안정감을 갖고 부하와 소통하려 할 것이다. 그런데 중간보고가 없으면 상사는 부하가 일을 제대로 안 하고 있다고 판단할 수도 있다. 일을 잘 하는 부하가 되려면 진행상황에 대해 궁금해 하는 것을 파악하고 부지런히 보고하는 습관을 들여야 한다.

그런 다음에 좀 더 효율적으로 보고하는 방법을 익혀야 한다.

직장에서 똑똑하게 보고하는 방법에 대해 이랜드 그룹 장석면 임원이 소개하는 레포트(REPORT)방법을 소개한다. 여기에서 제시하는 여섯 가지 원칙을 적용해보자.

스마트한 REPORT 보고양식

1. Repeat : 반복해서 보고하라.

2. Early : 조금이라도 빨리 보고하라.

3. Plan-Do-See : 처음부터 끝까지 보고하라.
최초 계획-중간 실행-결과 보고를 매 시점마다 해야 한다. 진행 과정과 결과를 보고하라.

4. Opportunity : 상사가 충분히 이해하도록 사전정보 제공 지원 스텝을 밟아야 한다. 상사의 컨디션을 충분히 고려하라.

5. Result : 핵심을 간단히 정리하라. 3장 이내로 정리하되 설명이 굳이 필요한 내용은 따로 첨부한다.

6. Test : 보고 전에 검증 받아라. 관련자들의 사전확인은 실수를 줄인다. 연결된 부서 혹은 관련자와 협업하라. 상사의 힘 빌리지 않고도 동의를 얻어 일을 해결하는 훈련을 하라.

- 출처 : 예스31 1100특집

선명하게 기억할 수 있도록 하라
- S4의 세 번째 S (Special Speech ; 스페셜 스피치)

"내가 그의 이름을 불러주었을 때 그는 나에게로 와서 꽃이 되었다."

김춘수의 '꽃' 이라는 시다. 우리는 이처럼 누군가에게 이름을 불렀을 때 특별한 존재가 된다.

"You are special!"

누군가에게 의미 있는 존재가 되고, 사회에서 존재감을 인정받기 위해 나를 알리며 드러내야 하는 개인브랜드 시대가 도래했다. 따라서 시대의 추세에 따라 나를 알리고, 나의 상품가치를 높이기 위해 나 자신만의 특별한 이야기를 말하는 기법을 갖춰야 한다. 스페셜 스피치는 개인브랜드의 가치를 높이는 최고의 기법이다.

의미를 부여해서 말하라

"선생님 저는 선생님께 반했습니다. 선생님을 따라 열심히 배우겠으니 선생님도 제게 반해 주실 거죠?"

유독 화창했던 날이다. 쇼호스트를 준비하고 있는 한 제자가 찾아와서 이렇게 말하고, 작고 노란 바나나를 꺼냈다. 알고 보니 진짜가 아니라 바나나 모양의 케이스에 담긴 핸드크림이었다. 내게 반해서 그것을 주는 거라고 했다.

집에 돌아오는 길에 바나나를 보면서 계속 입가에 미소가 절로 지어졌다. 선물을 받는 순간뿐만 아니라 학생이 한 말이 감동과 여운으로 오래도록 가슴을 차지하고 있었다.

선물을 인상 깊게 전달하려고 애쓴 모습이 정말 고마웠고 감동이었다. 같은 선물이라도 한 마디의 표현을 어떻게 덧붙이냐에 따라 감동의 깊이가 달라진다는 생각을 새삼 떠올렸다.

누군가의 마음을 얻고 싶다면 이처럼 작은 것이라도 의미를 부여하는 말을 할 줄 알아야 한다. 의미 있는 말 한 마디가 상대방의 마음을 움직이는 큰 힘을 발휘한다.

누군가의 마음을 얻고 싶은가? 그렇다면 무엇을 주느냐가 아니라 어떻게 주느냐가 중요하다는 것을 명심하자.

로버트 치알디니의 〈설득의 심리학〉에는 상대방의 마음을 여는 법칙으로 상호성의 원칙을 소개하며 다음과 같은 예를 든다. 레스토랑에서 한 실험이다.

종업원이 고객에게 계산서를 가져다줄 때 사탕 하나를 줬더니, 그러지 않았을 때보다 팁의 양이 많아졌다. 이번에는 사탕 두 개를 계산서와 함께 건넸더니 팁이 4배로 뛰었다. 그런데 확실히 팁을 올리는 방법은 따로 있었다. 사탕을 영수증과 함께 주는 것이 아니라, 먼저 영수증을 주고 돌아왔다가 다시 가서 "손님은 참 좋으신 분 같아 이 사탕 2개를 더 드립니다."라고 한 것이다.

작은 것이라도 의미를 부여하는 말을 하라. 상상 이상의 효과를 얻게 될 것이다. 같은 말이라도 의미를 부여해서 한 말은 상대방의 뇌리에 오랫동안 남아서 당신을 좋은 사람으로 기억하게 될 것이다.

억대 연봉 보험왕의 비결은?

억대 연봉을 받는 보험왕이 있다. 평범한 가정에서 태어나 시골에서 농사를 짓는 부모님과 오빠와 함께 살았다. 대학교 마지막 학기 때 오빠가 말기 심부전증 진단을 받았다. 오빠의 심부전증은 집안의 분위기를 바꿔 놓았다. 경제적으로 자립하지 못하는 오빠, 그것을 감수하는 부모님을 생각하니 답이 나오지 않았다. 그래서 집안의 경제를 책임지기 위해 큰 돈을 벌겠다는 생각으로 25세에 보험영업을 시작했다.

어린 나이에 시작한 보험영업이 쉬울 리가 없었다. 사회경험이 적기 때문에 아는 지인들도 많지 않았거니와 또래들은 아직 은퇴, 실비, 암보험 같은 것에 관심을 갖기 어려웠다. 하지만 그는 친구들에게 사람을 소개받는 연습을 했다. 그렇게 보험영업을 하면서 자기만의 고객관리법을 생각했다.

그 당시 대부분의 영업자들은 고객의 생일을 챙기며 선물을 주고 있었다. 그녀도 고객들에게 선물을 줘야겠다고 생각했다. 하지만 뭔가 색다르게 주고 싶었다. 다른 사람들과 차별을 주고 싶었다. 그래서 생각한 것이 남들이 생각하지 못한, 구충제다!

그 당시 많은 사람들이 구충제 사먹는 것을 잊고 지나가기 일쑤였다. 값비싼 선물은 아니지만, 고객이 깜박할 수 있다는 생각에, 세심한 부분까지 챙기는 믿을 만한 FC라는 인상을 보여주기 위해, 구충제를 선물했다. 또한 애완견을 키우고 있는 고객은 기억해놨다가 애완견 건강소품까지 선물했다.

"당신이 놓치는 작은 부분까지 모두 챙기겠습니다."

선물을 줄 때마다 이러한 의미를 전달했고, 매 순간 정성을 다하는 디테일한 FC라는 메시지를 심어주었다. 가족들의 구충제와 애완견까지 신경을 써준 이 친구의 정성에 고객들은 흡족해했다. 무엇보다 매우 독특한 선물을 주는 FC로 기억했다.

이렇게 차별화된 전략으로 고객들을 관리하면서 입사 4년 만에 보험

왕에 등극했다.

어떻게 전달하느냐에 따라 고객의 마음을 움직일 수 있다. 차별화하고 의미를 부여하라!

주인공에게 동화가 되어 감정을 전달하라

"여보, 내가 재미있는 이야기 하나 해줄까? 윗니와 아랫니를 함께 말하면?"
"상~하~~이~!"

"불이 죽으면?"
"사~ 파이어~~"

남편의 말을 듣고 나는 배꼽을 잡고 웃었다. 그리고 이 이야기를 친구에게 그대로 들려주었다.

"뭐야? 너도 아재 개그하냐?"

친구는 썰렁한 반응을 보이며 아재개그를 한다며 놀려댔다. 남편이 이야기했을 때는 재밌었는데, 왜 내가 하면 재미없지? 남편과 나의 차이점은 무엇이었을까!

결론부터 말하면 남편은 이야기할 때 제스처와 리듬, 억양을 TV 개그 맨 빰칠 정도로 실감나게 표현하기 위해 실제 이야기 속의 주인공처럼 동화가 되어서 말했다.

"여보! 윗니와~"

질문을 던지기 전부터 첫마디에 눈동자를 크게 뜨고, 고개를 살짝 옆으로 저으며, 소리를 자그마하게 조절한다. 마지막 물음표에서는, '정말 궁금하지? 이거 알면 정말 재미있을 걸?' 하는 강렬한 눈빛을 던졌다. 그리고 대답을 할 때는, 마치 경연프로그램에서 최종 우승자를 발표할 때처럼 긴장감을 주기 위해 침묵을 잔뜩 유지하다 아주 큰 소리로 외친다!

"사~ 파이어~~~!!!"

표정을 자유자재로 바꿔가며 말의 리듬을 롤러코스터처럼 빨랐다 느렸다 자유자재로 구사했다. 그러다 보니 말을 듣는 사람도 이야기 속으로 빨려 들 수밖에 없는 것이다.

여기서 중요한 것은 실제 이야기 속 주인공이 된 듯, 동화가 되어 그 이야기와 하나가 되어야 한다는 것이다. 남편은 이런 이야기를 좋아하고 즐기기 때문에 쉽게 동화되어 실감나는 표현을 할 수 있었던 것이다.

같은 말을 하더라도 실감나게 하느냐, 아재 개그로 떨어뜨리느냐는 것은 전적으로 본인의 노력에 달려 있다. 때로는 실감나게 말하기 위해 주인공처럼 동화가 되어 감정을 그대로 전달해보자.

실감나게 말하는 네 가지 요령

1. 구체적이고 감각적으로 표현하라

생생하게 표현하기 위해서는 오감을 만족시키는 어휘를 사용해야 한다. 감각을 자극하는 말을 하면 구체적인 묘사가 가능하고, 상대의 머릿속에 이미지화가 되기 때문에 그만큼 실감나게 표현할 수 있다.

다음은 기상캐스터가 추운 날씨를 소개할 때 쓰는 기법이다.

"오늘은 매우 춥습니다."

"오늘은 출근길 10분만 서 있어도 발이 꽁꽁 고드름처럼 얼 정도로 춥습니다."

둘 중에 어느 쪽이 더 춥게 느껴지는가? 구체적으로 오감을 사용해 표현하는 말이 더 춥게 느껴진다. 따라서 '매우', '정말', '너무'라는 추상적인 표현보다는 상황을 그대로 그려주는 구체적인 표현을 써서 오감을 자극할 수 있어야 한다.

2. 눈빛과 몸짓으로 시각을 자극하라

심리학자 메라비언에 따르면 소통에 영향을 끼치는 요소 가운데 표정이나 태도와 같은 이미지가 차지하는 비중이 무려 55%나 된다고 한다. 그만큼 눈빛과 몸짓이 의사전달에 중요한 역할을 한다는 것이다. 소통에서 시각적 효과가 중요한 역할을 한다는 것을 명심하고 의사전달력이 높은 말을 하려면 최대한 눈빛과 몸짓, 표정의 변화 등에 신경을 써가며 시각을 자극할 수 있어야 한다.

3. 상황에 맞는 목소리로 청각을 자극하라

목소리를 어떻게 활용하느냐에 따라 의미가 다르게 전달된다. 중요하다고 생각하는 부분에 힘을 주고 이야기하거나 천천히 말하기, 또는 톤을 높여서 말하거나 톤을 낮춰서 말하면 의미의 전달력을 높일 수 있다. 이것은 전문가의 도움을 받아 배워나가는 것이 좋다. 개인의 노력만으로는 쉽게 고칠 수 없는 부분이다. 복식호흡을 통해 성량을 높이는 법이나 톤을 조절하는 법을 배워서 익혀나가야 한다.

4. 먼저 관심을 갖고 청자의 흥미를 이끌어라

말하기 전에 충분한 관찰이 있어야 한다. 평소에 호기심과 관심을 갖는 것이 중요하다. 어떤 주제나 사물에 대해 관심을 가지면 남들이 보지 못하는 것을 보게 되고, 그만큼 표현도 자연스러워 질 수밖에 없다. 마치 사랑하는 연인이 생겼을 때처럼 스피치의 시작은 가슴 떨리는 관심으로부터 시작한다는 것을 잊지 말사.

감성 스피치로 알파고를 극복하자

10년 안에 없어질 직업은 무엇일까? 한 신문사에서 설문 조사를 했다. 그 결과 10년 안에 없어질 직업으로 보험설계사, 은행원, 부동산, 백화점직원, 자동차 판매원, 동사무소 직원까지 다양했다. 지금 있는 직업은 거의 다 인공지능이나 로봇으로 대체가 된다는 것이다.

알파고가 이세돌 9단과 바둑대결에서 이겼을 때 미래에 없어질 직업들이 재차 화제가 되었다. 한때는 인공지능이 따라올 수 없는 인간의 고유능력인 창의력을 필요로 하는 바둑만큼은 기계가 인간을 이길 수 없을 것이라고 했는데, 그것이 무너진 것이다.

이제 인공지능 시대가 도래하면서 소통능력이 더욱 중요한 경쟁력으로 강조되고 있다.

"인공지능이 발달해도 인간의 고유 감성을 흉내 낼 수는 없다."

때를 맞춰 '감성지능'의 중요성이 부각되고 있다. 감성은 인간고유의 영역이자, 인간만이 지닌 탁월한 능력으로 본 것이다. 앞으로 점점 더 기계화되고 빡빡해지는 사회에서 감정을 표현하고, 상대의 감성을 터치하는 능력은 매우 중요하게 여겨질 것이다.

이런 시대적 추세에 발맞춰 감성 스피치가 더욱 중요해지고 있다. 사람을 이해하고 어우러지는 힘, 이것을 말로 표현해서 감성을 울리는 것이 바로 감성스피치다.

때로는 따끔한 질책의 말보다 "괜찮다.", "고맙다."라고 표현하는 것이 중요하다. 때로는 격려와 사랑의 따뜻한 말 한 마디가 더 큰 힘을 발휘한다.

인간으로서의 따뜻하고 섬세한 감정들, 사랑하는 감정, 좋아하는 감정, 위로하는 감정, 배려하는 감정을 표현하는 것은 정말 중요한 능력이다.

스토리텔링을 활용하라

2016년 브라질 리우올림픽 펜싱 종목에서 금메달을 획득한 박상영 선수의 스토리가 인터넷을 사로잡은 적이 있다. 15점 먼저 획득하면 승리하는 펜싱에서, 박상영 선수는 14대 10으로 지고 있었다. 실력이 비등비등한 상황에서 사실 한 번에 5점을 내서 승리하기란 정말 어려운 게임이었다. 많은 사람들이 "졌네, 졌어!"라며 텔레비전 채널을 돌리며 포기하는 분위기였다. 하지만 모두의 예상을 깨고, 박상영 선수는 5점 연속 타점을 올려 승리를 거뒀다.

"어제 펜싱 봤어? 이야, 정말 멋지더라. 짜릿한 역전승이었어!"

박상영 선수가 얼마 남지 않은 시간에도 "할 수 있다. 할 수 있다."고 되뇌는 입모양이 카메라에 잡혀 화제를 불러일으켰다. 펜싱은커녕 심지어 올림픽에 관심이 없던 사람들마저 모르는 이가 없을 정도로 유명해졌다.

사람들은 이처럼 반전이 있는 스토리를 오래 기억한다. 박상영 선수의 스토리는 이 모든 것을 다 갖췄다.

스토리텔링은 인물, 사건, 배경을 갖추어 내용을 생생하게 전하는 기법이다. 원래는 문학에서 사용한 용어인데, 요즘은 기업에서 마케팅 광고로 많이 사용하고 있다. 스토리텔링을 활용한 대표적인 마케팅 광고로 초코파이가 있다.

나는 지구를 25바퀴째 돌았습니다.
영하 40도의 추위가 두렵지 않았고
그래서 나는 나라마다 새롭게 태어납니다.
나는 초코파이입니다.

이 CF는 초코파이에 대한 제품설명은 하지 않는다. 무슨 재료로 만들었고, 어떤 맛인지, 제품에 대한 정보보다 스토리로 주의를 집중시키고, 스토리로 상황을 연출하면서, 자연스럽게 제품을 등장시켜 보는 사람의 감성을 자극한다.

"인간은 세상사 모든 것은 이야기를 통해 이해한다."
    - 사르트르

스토리텔링은 자연스럽게 이야기 속으로 몰입하게 만드는 힘이 있다. 또한 상대방에게 어떤 생각을 강요하지 않으면서 상대방을 자신이 원하는 방향으로 이끌어 올 수 있다. 스피치에서 매우 중요하게 다루는 기법이다.

스토리텔링을 잘 하려면 필요한 요소를 갖추고 있어야 한다. 맛있는 요리를 하기 전에 주요 재료들을 준비해 놓는 것처럼, 스토리텔링에도 꼭 필요한 재료를 준비해야 한다. 청중이 흥미를 느낄 만한 사건을 중심으로, 사람들의 머릿속에 강조점이 될 만한 스토리를 선별해야 한다. 박상영 선수의 이야기를 머릿속에 담아 두면 큰 도움이 될 것이다.

박상영 선수의 이야기는 반전과 감동이 있다. 4년 동안 힘든 훈련을 했고, 패배가 뻔한 순간에도 포기하지 않고, "할 수 있다."를 되뇌며 최선을 다하는 근성을 보여줬고, 누구도 예상하지 못한 역전을 이뤄냈다.

사람들은 여기에서 펜싱을 스포츠의 한 종목으로 본 것이 아니라 결코 끝까지 포기할 수 없는 인생의 한 장면으로 본 것이다.

스토리텔링 핵심 3단계

1단계 : 소재 찾기

  우선 콘텐츠를 개발해야 한다. 그리고 콘텐츠에 맞는 소재를 찾아야 한다. 자신의 경험이나 주변 이야기, 미디어, 신문잡지, 책 등에서 선별한다. 자수성가한 사람, 큰 위험이 닥쳤지만 극복한 사람 등에서 청중과 관련 있는 주제나 흥미를 느낄 만한 이야기에 맞춰 선별하면 된다. 이야기가 추상적이거나, 꾸며 낸 티가 난다거나, 너무 과장되어 있다면 청중의 공감을 자아내기 어렵기에 구체적인 소재를 선택해야 한다.

스토리텔링 소재 =

  내 경험, 타인 경험, 책, 영화 중에서 공감대를 불러일으키는 흥미를 끌 수 있는 이야기

2단계 : 스토리 구성하기

  인물, 배경, 사건을 활용해서 스토리를 구성한다. 이때 사건은 긴장과 이완을 줄 수 있는 반전 스토리, 또는 극적 스토리라면 더욱 좋다. 자신이 전하고자 하는 뚜렷한 메시지를 효과적으로 전할 수 있도록 구성해야 한다. 무엇을 청중의 기억에 각인시킬 것인지, 핵심 포인트를 잘 잡아야 한다.

스토리텔링 스토리 구성 =

반전스토리, 극적 스토리+각인될 만한 뚜렷한 메시지

3단계 : 텔링하기

연사가 내용과 맥락에 알맞도록 전달을 잘해야 한다. 스토리텔링은 음성과 몸짓을 통해 청중에게 이야기를 전달하는 것이기 때문에 말투나 표현 방식, 맺고 끊음, 속도, 몸짓에 따라 이야기의 효과는 달라진다. 아무리 좋은 소재로 내용 구성을 잘 해도 전달할 때 감정을 싣지 않거나 어려운 표현을 많이 사용해서 현장감이 떨어진다면 공감을 자아내기 어렵다.

시련 자체보다는 그것을 극복한 과정을 자세하게 풀어주고, 그 순간 이야기 속에 들어가 있는 것처럼 동화되어 현장감을 줄 수 있어야 한다. 마치 연기를 하듯 음성과 표정, 제스처를 다양하게 동원하여 공감을 이끌어 낼 수 있어야 한다.

텔링하기 =

음성, 표정, 제스처 동원

군더더기 없이 깔끔하고 분명하게 말하라
- S4의 네 번째 S (Simple Speech ; 심플 스피치)

시간은 금이다. 현대인들에게 시간은 더욱 비싼 금이 되었다. 바쁜 시간을 쪼개 전화상으로 비즈니스를 위한 통화를 하기도 하고, 제한된 미팅시간에 분명하게 의사를 표명하거나 보고를 해야 하고, 회사의 미래가 달린 15분 동안 경쟁입찰 PT도 해야 한다. 15분이라는 짧은 시간에 경쟁사를 물리치고 입찰에 성공하려면 군더더기 없는 깔끔하고 분명한 표현을 해야 한다.

이처럼 주제가 분명하게 드러나는 간단명료한 말을 하려면 심플 스피치 기법을 배워야 한다.

말을 다이어트 하라

말에 군더더기가 많고 사족이 많으면 그 말은 산으로 가게 된다. 따라서 상대방에게 효과적으로 전달하려면 말에 과감한 다이어트가 필요하다. 말은 줄일수록 좋다.

　"당신이 수다를 떨면 떨수록 사람들은 그만큼 당신이 한 말을 기억
　하지 못한다." – 피네롱

　말을 잘 하고 싶다면 가슴에 새겨야 할 말이다. 말은 하고 싶은 대로
모두 하지 말고, 때와 상황에 따라 적당히 줄이는 노력을 기울여야 한
다. 쉽지 않은 일이다. 오죽하면 "말을 줄이는 것은 태산을 드는 것보다
어렵다"는 말이 생겼겠는가?

　"현명한 사람이 되려거든 사리에 맞게 묻고 조심스럽게 듣고 침착하
　게 대답하라 그리고 더할 말이 없으면 침묵을 배워라. 네가 말할 때
　는 그 말이 침묵보다 나은 것이어야 한다." – 라파엘로

　그렇다면 어떻게 말의 다이어트를 할 것인가?
　먼저 해야 되는 말과 하지 말아야 되는 말을 구분할 줄 알아야 한다.
특히 신체를 비하하거나 지역감정을 유발하는 말, 남녀 차별이나 자기
자랑, 지나친 가족사 이야기, 또는 사회통념을 깨는 행위에 대한 찬사나
권유 등은 반드시 걸러내는 것이 좋다.

　"청중을 설득하려면 적합한 종류(Right kind)의 증거가 적당한 양
　(Right amount)만큼 갖춰져야 한다."

너무 많은 정보는 오히려 청중의 기억에 남지 않아 설득력을 떨어뜨릴 수 있다. 최대한 말의 다이어트를 통해 핵심을 전달해야 한다.

따라서 말의 다이어트를 위해 3W를 기억해야 한다.

(1) 첫 번째 When!

지금 꼭 해야 할 말인가? 말 하는 타이밍을 생각해보는 것이다. 좋은 이야기는 당장하고, 나쁜 이야기는 뒤로 미뤄도 된다는 이야기다. 지금 말하고 후회할 이야기인지, 또는 지금 말하지 않으면 효력이 떨어지는 것은 아닌지 잘 생각해보고 말해야 한다.

(2) 두 번째 Who!

누구와 이야기해야 하는가? '이 사람과 꼭 해야 하는 이야기인가?' 생각해 보라. 문제해결 당사자가 아닌 다른 사람에게 불필요하게 많은 말을 했다가 오히려 일을 그르치거나 오해가 생길 수 있다. 또는 이 사람과 수다를 떨어서 나의 마음의 짐이 덜어질 수 있다면, 당사자가 아니더라도 충분히 이야기를 털어놓는 것이 좋다.

(3) 세 번째 What!

무엇을 말하고자 하는가. 내가 말하고자 하는 말의 요지가 무엇인지, 말하기 전에 나의 마음을 들여다 보고 이야기해야 한다.

말의 다이어트에 필요한 3W

1. When?

지금 꼭 해야 할 말인가?

2. Who?

이 사람에게 꼭 해야 하는 말인가?

3. What?

무엇을 말하려고 하는 것인가?

3S로 설득력을 높여라

설득은 자신이 가진 생각이나 정보를 전달해서 상대의 마음을 움직이게 하는 것이다. 따라서 설득에 성공하려면 하나의 주제에 대해 상대방의 마음을 사로잡는 기법을 사용해야 한다.

이때 필요한 것이 3S(Surprise! Simple! Special!) 기법으로 이야기를 전개하는 것이다. 누군가를 설득해야 하는 프레젠테이션에서 특히 유용하게 활용할 수 있는 기법이다.

(1) Surprise!

서프라이즈 멘트로 시작하라. 설득하는 말의 첫 단추는 강렬한 오프닝으로 기선을 제압해야 한다. 청중을 움직일 수 있는 첫 단추, 오프닝 후크Opening Hook는 흥미로운 이야기, 폭로성 이야기, 놀라운 실험 결과 등으로 시작하는 것이 좋다.

> "이 프레젠테이션이 끝날 무렵 여러분은 불필요한 체중을 5kg쯤 줄일 수 있고, 10년쯤 더 젊어 보이게 되고, 연간 수입은 천만 원쯤 늘어날 것입니다."

> "여러분은 앞으로 짧게는 5분, 길게는 5시간 이내에 제가 소개해 드리는 이 제품을 구입하시게 될 것입니다."

발표 전반부에 이런 말을 들으면 당신은 어떤 생각이 들 것인가?

아니, 어떻게 프레젠테이션이 끝날 무렵 나의 체중을 5Kg이나 줄일 수 있다는 말인지? 내가 10년쯤이나 더 젊어보일 수 있다고? 어떻게 그럴 수 있지?

이런 궁금증을 갖고 이어지는 내용도 빨리 듣고 싶어지지 않겠는가?

그리고 다음과 같이 자연스럽게 본론으로 이어가보자.

"이것은 오늘의 주제와 연관시켜 생각해 보면~"
"서두부터 이런 말씀을 드리는 것은 바로~"

이렇게 서프라이즈 멘트로 청중을 자극하고 본론을 매끄럽게 이어나 간다면, 발표의 첫 시작은 성공한 것이다. 청중은 앞으로 당신이 무슨 내용의 말을 하든지 잘 들을 마음의 준비가 충분히 되어 있기 때문이다.

(2) Simple!

주제는 가급적 한 줄로 표현하라. 문장이 너무 길면 핵심문구가 잘 들어오지 않는다. 핵심주제를 간결하고 함축성 있는 단어로 소개하여 청중들의 귀에 명확히 들어오도록 한다.

"오늘 소개해 드릴 프레젠테이션 핵심 메시지는 세 가지입니다.
첫 번째는 Surprise! 기법입니다. 강력한 오프닝으로 청중의 관심을 집중시키십시오.

두 번째는, Simple!입니다. 간단하고 쉽게 말하십시오.

마지막으로 Special! 특별한 사례로 당위성 있게 이야기하십시오.

이 세 가지 메시지에 대해 지금부터 자세히 알아보겠습니다."

어떠한가? 명료하지 않은가? 주제를 간단히 언급한 다음에는 주장을 뒷받침하는 근거와 사례를 덧붙여 말하면 된다. 이때, 공인기관으로부터 받은 KS마크, ISO인증, 소비자 만족지수와 같은 통계로 근거를 제시하면 설득력은 더욱 높아질 것이다.

(3) Special!

특별하게 말하라. 폴라로이드카메라, 즉 즉석카메라에 대한 유명한 프레젠테이션 사례가 있다. 신제품 카메라 출시로 소비자에게 어떻게 광고할 것인가를 놓고 진행된 프레젠테이션의 실제 사례다.

프레젠터가 들어와 인사를 하고 나자 갑자기 룸 밖에서 "쾅쾅쾅!" 문 두드리는 소리가 났다.

청중들은 모두 놀라 문 쪽을 쳐다보았다. 이때 갑자기 조명이 꺼졌고 음악소리가 흘러나오면서 한 소녀가 걸어 나왔다. 소녀는 음악에 맞춰 발레를 하였고, 이 순간 광고회사에서 나온 스텝이 두 대의 카메라로 사진을 찍었다.

퍼포먼스가 끝나자 비로소 프레젠터가 말하기 시작했다.

"방금 찍은 사진을 넘겨 받았습니다. 한 장은 우리 회사 신제품 카메라로 찍은 것인데 흔들림없이 소녀의 손끝 발끝까지 명확하게 찍혔습니다. 하지만 경쟁사의 카메라로 찍은 다른 카메라는 손끝이 잘려 있습니다."

어떤가? 내용뿐 아니라 형식적인 면에서도 남들과 다르게 구성해야 한다고 생각이 들지 않는가? 다른 사람들처럼 말로 일일이 설명하는 것이 아니라, 마치 무용공연을 하듯이 청중을 빠져들게 만든 이 발표는 사람들의 머릿속에 오래 각인되어 있다.

기억하자. 때로는 내용이 아닌 형식을 깨는 것! 당신의 특별한 이야기를 각인시킬 수 있는 좋은 방법이라는 것을.

트럼프의 화법으로 본 당선 이유

제45대 미국 대통령 선거에서 도널드 트럼프가 힐러리 로댐 클린턴을 제치고 당선됐다. 기업인 출신에 '정치적 이단아'로 불리었던 트럼프가 미국의 대통령이 되자, 전 세계 사람들이 "트럼프 쇼킹!"이라며, 그의 당선 이유를 분석하기 시작했다.

여론조사에서 줄곧 힐러리가 우세했고, 기존의 정치인과 다른 투박하고 거칠어 격이 떨어진다는 소리를 들어왔던 그의 당선 비결은 무엇일까.

다양한 관점에서 여러 가지 해석이 나오지만, 그의 당선 이유 중 하나가 트럼프 특유의 화법 때문이라고 생각한다.

(1) 직설화법

트럼프는 직설 화법을 구사한다. 일명 '돌직구 화법', '방화 화법'이 라고 부른다. IS가 파리를 테러했을 당시, 논리보다는 화를 내며 말했다.

"그냥 때려 부수겠다."

그는 비속어까지 사용하며 시원하게 내질렀다. 이런 발언을 통해 국민 들은 가슴 속이 뻥 뚫리는 후련함을 느꼈을 것이다.

예를 든다면 이런 식이다. 누군가에게 피해를 당했을 때, 이렇게 말해 주는 친구나 가족이 있다.

"진짜 그런 일이 있었단 말야! 그 XX 같은 인간!"

내 마음을 먼저 헤아려주고 비속어까지 날리며 공감해주면, 그때 내 마음은 어떤가? 속이 후련하고 대신 화를 풀어준 것 같은 친근감을 느 끼지 않는가? 상대가 비속어를 썼다는 것에 저급하다는 이성적인 생각 이 들기보다 먼저 감정이 확 풀리는 느낌을 받으며 위안을 받게 되는 것 이다.

바로 이것이다. 트럼프는 국민들의 마음을 정확하게 읽고, 자신만의 공감언어를 사용했다. 지지자들의 머리가 아닌 마음을 대변하는 말, 이 것이 막말로 비판을 받지만 그래도 많은 지지자들의 공감을 얻어낸 비 결이라고 본다. 트럼프는 나름대로 공감 언어를 사용한 것이다.

물론 그의 직설적인 화법은 사회적으로 지탄받아야 할, 분열을 조장하는 즉흥적이고 자극적이며 절제력 없는 말이라 반대자들에게는 극한 혐오를 불러 일으키는 것도 사실이다.

하지만 여기서 말하고자 하는 것은 대통령 선거에 당선될 정도로 다수의 지지자들이 무엇을 원하는지, 그것을 파고들어 가려운 곳을 긁어주는 명쾌한 직설언어가 통했다는 것이다. 때로는 상대의 마음을 긁어주는 직설화법이 다수에게도 통할 때가 있다는 것을 알아야 한다.

(2) 명료 화법

트럼프 화법은 아주 명료하다. 그의 공식 트윗에 드러난 말의 구조는 항상 간단했다. 주로 짤막한 두 문장에 느낌표 붙은 단어를 사용했다.

간결화법은 사람의 마음에 각인하는 효과가 있다. 대표적인 사례가 바로 1963년 8월 28일 노예 해방 100주년을 기념하여 워싱턴에서 열린 평화대행진에서, 미국의 흑인 해방운동의 지도자 마틴 루터 킹 목사가 한 말이다.

"나에게는 꿈이 있습니다.(I Have a Dream)"

그는 아주 간결하게 연설했고, 그의 연설을 들은 많은 이들이 열광을 했다. 킹 목사의 말은 감동을 주고, 트럼프는 혐오를 주는 차이가 있다고 말하는 사람도 있지만, 어쨌든 두 사람의 공통점은 군더더기 없이 짧고 명확한 말을 쓴다는 것이다. 때로는 확실하고 심플하게 직설적으로 말하는 것이 훨씬 효과적일 때가 있다.

(3) 쉬운 화법

트럼프의 화법은 쉽다. 미국 카네기 맬런대 언어기술연구소는 트럼프가 연설할 때 쓰는 문법을 분석해서 혹평을 했다. 그의 문법은 초등학교 5~6학년 수준이고, 어휘는 중학교 1~2학년 수준이라고 했다. 그는 지식인 계층에게는 외면을 받았다. 오죽하면 선거가 끝난 다음에 그를 대통령으로 인정하지 못하겠다는 대학생들의 데모가 일어났겠는가?

하지만 그의 말은 지지자의 관점에서 보면 그만큼 눈높이를 맞춘 쉬운 말이었다. 그의 당선에 큰 영향을 미친 지지세력은 세계화 과정에서 소외된 것으로 평가 받는 저학력 중산층 이하 블루컬러 계층이었다. 그러니까 그는 지지자들에게 맞는 쉬운 말로, 그들이 듣고 싶은 말을 한 것으로 볼 수 있다.

상대의 눈높이에 맞춰 상대가 듣고 싶어하는 쉬운 말로 표현하는 것은 정말 대단한 능력이다. 내 말의 설득력을 높이려면 상대를 분석하고, 상대의 귀에 들리는 쉬운 말을 할 줄 알아야 한다.

03

말을 잘 하려면?
메신저의 VIP를 기억하라

메신저 VIP!

Voice, 목소리
Image, 이미지
Position, 지위

어떻게 전달할까를 생각하라
- Messenger의 3요소 VIP를 챙겨라

비언어적 표현은 바다에서 항해를 할 때, 목적지에 빨리 다다를 수 있도록 노를 젓는 행위와 같다. 눈빛과 표정 제스처를 사용하여 나의 메시지에 닻을 올려라. 힘있는 목소리와 신뢰가는 톤, 상황에 맞는 말투로 힘껏 순항하라. 온몸으로 이야기하여 목적지에 다다르라.

해외로 배낭여행을 떠났는데, 그만 돈이 떨어져서 숙식에 어려움을 겪게 된 제자가 있었다. 그는 어쩔 수 없이 배낭에 있는 고추장을 외국인에게 팔아보기로 했다. 영어가 짧아, 손짓과 발짓, 표정을 이용해서 고추장은 맵고 달고 맛있다는 것을 설명했다. 그러자 길거리에 모인 외국인들이 관심을 갖고 구매까지 해주었다.

제자는 그 후로 상품판매에 더욱 자신감을 가졌다며 자랑처럼 이야기했다.

우리는 언어가 통하지 않아도 표정이나 시선, 제스처로 상대가 무엇을 말하고자 하는지 알아차리는 능력이 있다. 일명 바디랭귀지라고 한다.

일반적으로 말을 잘 하려고 '어떤 말'을 할 것인가에 대해 고민하는 이들이 많다. 하지만 말하기에는 '어떤 말'만큼 '어떤 표현수단을 사용하느냐'도 중요하다는 것을 알아야 한다.

그것이 곧 메신저다. 어떠한 전달도구로 표현할 것인가?

메신저에는 크게 세 가지 요소가 있다. 나는 그것을 VIP로 정리했다. Voice(목소리), Image(이미지), Position(지위)가 바로 그것이다.

자신있는 목소리를 만들자
- VIP의 V (Voice ; 보이스)

복식호흡으로 안정감을 키워라

"이 교수, 나는 요즘 뱃심이 딸린다는 느낌을 받아요. 그리고 오래 이야기하면 숨도 차고, 목이 따끔거리고 아파요. 비인후과에 가니, 목을 좀 쉬라고 하는데, 직업이 매일 강의를 하는 일이다 보니 쉴 수도 없고 어떻게 하면 좋을까요?"

모 대학교에서 20여년 강의를 하신 김교수님이다. 목이 너무 아파서 말하는데 어려움을 겪고 있다고 했다.

성대는 근육으로 이뤄진 피부의 한 부분이다. 따라서 피부가 건조해지지 않도록 매일 스킨로션을 발라 수분을 유지해주듯이, 성대도 수분을 충분히 공급해줘서 촉촉한 상태로 유지시켜줘야 한다. 가장 좋은 방법은 미지근한 물을 자주 마셔주는 것이다. 강의를 하거나 오랜 시간 말해야 하는 상황이라면 물통을 가지고 다니면서 지속적으로 자주 마셔줘야 한다.

복식호흡도 성대보호를 위해 물을 마시는 것만큼 중요하다. 복식호흡법은 간단한 연습으로 잡을 수 있다. 잘 익혀서 자연스럽게 할 수 있어야 한다.

나는 김교수님께 이 점을 강조하며 그 자리에서 바로 복식호흡법을 알려드렸다.

"자, 교수님 양발을 어깨너비로 서 볼까요? 어깨는 힘을 빼고 바르게 서보세요. 좋습니다. 이제 배가 풍선이라고 생각해 보겠습니다. 코로 천천히 숨을 들이마시며, 배가 볼록해지도록 만드세요."

"……."

"다음으로 배가 볼록해진 상태에서 2~3초 유지하세요. 자, 이제는 입으로 호흡을 뱉습니다. 조금씩 일정한 양을 내보내 볼게요. 그 상태에서 소리를 '아~' 하고 내보내겠습니다."

"아~~"

"네, 좋아요, 지금과 비슷한 복부의 느낌으로, 이제 짧은 대화를 나눠 볼게요."

"안녕하세요?"

김교수님은 금방 받아 들였다. 역시 뭔가 자신이 맡은 일에서 최고에 오른 이들은 새로운 것을 배울 때 받아 들이는 능력이 뛰어났다. 복식호흡법의 원리를 알고, 잠깐의 실험으로 체험을 해보더니 혼자서도 금방 쉽게 할 수 있었다.

"목이 한결 편해지고 가벼워졌네요. 목소리에 힘도 실어지는 것 같아요. 60평생 호흡 하나 배운 것만으로도 아주 만족합니다."

성대 때문에 고민하던 김교수님은 그 후 충분한 물 섭취와 복식호흡을 습관화 하면서 목이 한결 좋아졌다며, 다음 수업시간에 샴페인을 사들고 오셨다. 60평생이 되도록 생전 처음으로 배운 복식호흡의 날을 축제의 날로 기억할 수 있었다.

건강한 목소리를 위한 하루 10분 복식호흡 연습법

복식호흡은 안정감 있는 목소리에 도움이 될 뿐 아니라 머리가 맑아지고 소화가 잘 되는 등 건강에도 도움을 준다. 처음에는 힘들지만, 매일 조금씩 습관을 들이는 것이 중요하다. 이렇게 자주 하다보면 습관이 되고, 복식호흡이 한결 편해진다.

1. 두 발을 어깨 너비로 편하게 선다.
2. 입은 다문 상태에서 코로 숨을 들이마신다.
3. 숨을 들이마시면서 배가 부풀어 오름을 느낀다.
4. 최대한 숨을 들이마신 상태에서 3~4초 숨을 참는다.
5. 천천히 입으로 "후~" 내뱉어 본다.

소리의 힘, 발성을 키워라

작은 목소리가 고민인 한 변호사가 고민을 털어놓았다. 법률 상담을 하는데, 원래 목소리가 작아서 목소리 성량을 키우고 싶다고 했다.

상담을 하다 보니, 변호사의 집안 분위기가 매우 엄격해, 말할 때 조심스럽게 말하는 습관이 들어 있다는 것을 알았다. 어려서부터 크게 이야기를 해 본 적이 거의 없다고 했다. 그런데 법률 상담을 할 때, 자신의 목소리가 너무 작다 보니 주변에서 자신 없어 보이고, 신뢰감이 없어 보인다는 지적을 받았고, 본인 스스로도 그것 때문에 스트레스를 받고 있다는 것이다.

그렇다. 상담을 할 때, 자신없이 너무 조그맣게 이야기하면 의뢰인 입장에서는 이 변호사가 이것을 잘 몰라서 저렇게 이야기하나, 이런저런 생각으로 빠져들면서 내 말을 신뢰하지 못할 수도 있다.

"어떻게 하면 힘 있는 목소리가 되죠?"

정말 간절함이 느껴졌다. 그래서 나는 먼저 힘 있는 목소리를 만드는 방법을 제시했다.

일단 큰 소리를 내야 한다고 했다. 음량 자체가 작아서 그런 것이니까 의도적으로 크게 해야 한다고 했다. 이 때, 무조건 목에 힘을 주고 억지로 짜내는 소리를 내면 성대에 무리가 갈 수 있다. 반드시 복식호흡법을 익힌 후, 소리를 크게 내뱉는 연습이 필요했다.

"자, 호흡을 크게 들이 마시는 운동부터 해 볼까요!"

먼저 1미터 앞에 사람이 있다고 가정하고 그 사람을 불러보는 것부터 시작했다. 5미터 10미터 50미터 거리는 점점 멀어졌고, 점점점 소리를 크게 내질러 보는 훈련을 하였다. 평소 큰 소리를 내본 적이 없어 처음에는 어색해 했지만, 발성의 힘 조절을 하며 조금씩 큰 소리로 표현하다 보니, 목소리가 커지면서 자신감이 넘치는 변화를 목격할 수 있었다.

자신감을 갖고 싶으면 먼저 큰 소리부터 내보자. 목소리의 변화뿐만 아니라 온몸에 활기가 넘치는 에너지를 느낄 수 있을 것이다.

하루 10분 꿀 성대 발성연습법

1. 숨을 배까지 가득 채운 후, 소리를 내보낼 때,
"아~~~~" 소리를 내보자.

이때 자신의 목젖을 자신의 눈으로 확인해 보자.

목젖이 보이게 목 안쪽 공간을 벌려주고, 가득 채운 숨을 앞으로 보내며 소리 내다 보면, 울림이 있는 큰 소리를 얻을 수 있다.

주의할 것은! 목에 힘을 가득 주지 말고, 최대한 편안한 자세를 유지하려고 노력하는 것이다.

2. 입을 크게 벌려가며 천천히 "가 갸 거 겨…"를 읽어 내려간다.

소리를 위로 끌어올려 앞으로 내보낸다는 느낌으로 "가~아, 갸~아, 거~어" 이런 식으로 읽어도 좋다.

한 음절씩 정성껏 소리내어 읽다보면, 발성과 함께 발음도 좋아진다.

가 갸 거 겨 고 교 구 규 그 기 게 개 괴 귀
나 냐 녀 녀 노 뇨 누 뉴 느 니 네 내 뇌 뉘
다 댜 더 뎌 도 됴 두 듀 드 디 데 대 되 뒤
라 랴 러 려 로 료 루 류 르 리 레 래 뢔 뤼
마 먀 머 며 모 묘 무 뮤 므 미 메 매 뫠 뮈
바 뱌 버 벼 보 뵤 부 뷰 브 비 베 배 봬 뷔
사 샤 서 셔 소 쇼 수 슈 스 시 세 새 쇄 쉬

상황에 맞는 목소리 톤을 갖추자

어느 날, 비행기에 탑승하기 위해 기내에 들어가는데 승무원이 티켓 확인을 하며 좌석을 안내해 주었다.

"어서 오세요. 이쪽입니다."

여느 스튜어디스와 다르게 매우 낮은 톤의 묵직한 목소리가 들렸다. 그러자 사람들이 승무원을 다시 쳐다보았다. 평소 다른 승무원들보다 낮고 굵은 목소리가 어색하게 느껴졌나 보다. 스튜어디스가 당황해하며 살짝 창백해진 얼굴을 보였다. 불편함이 있지만 애써 미소를 짓는 모습이었다.

목소리는 직업의 전문성을 판단하는 척도가 되기도 한다. 나처럼 많은 사람 앞에 서서 방송을 하거나 강의를 하는 사람이 혀 짧은 소리를 하거나, 아이 같은 말투로 이야기를 한다면 사람들은 강의 내용은 뒷전으로 흘려들을 확률이 높다. 앞에서 말한 스튜어디스가 낮고 묵직한 목소리를 내니까 사람들이 신기하다는 듯이 다시 바라보는 이유도 어쩌면 스튜어디스로서의 전문성을 의심하는 눈초리를 보낸 것일 수도 있다.

A 항공 승무원 보이스 트레이닝 교육을 진행할 때의 일이다.

"저는 앵앵거리는 목소리를 가져서 불만입니다. 고객들에게 너무 어리게 비춰질까 봐, 저도 선생님처럼 좀 더 안정적이고 성숙한 목소리를 가지고 싶습니다."

신뢰감을 주면서 친절함이 묻어나는 목소리를 가지고 싶지만, 자신이 생각하기에 너무 아이 같은 음성이 들린다는 것이다. 하지만 내가 듣기에는 약간의 콧소리가 날 뿐 조금만 목소리를 교정하면 좋을 굉장히 매력적인 보이스를 가지고 있었다. 그래서 이렇게 말했다.

　"승무원님, 본인의 목소리는 정말 좋아요. 앵앵거리는 목소리가 아니라, 오히려 귀에 쏙쏙 들어오는 음성을 가지셨어요. 제가 보기에는 목소리가 아니라, 말씀하는 어투에 조금 문제가 있습니다. 기내방송할 때는 괜찮은데, 평소 저랑 대화할 때도 아이 같은 말투를 사용하고 계시네요. 마치 어린아이가 엄마한테 사탕 사달라고 할 때 '엄마아~ 사타앙 사주세여어.'라고 하는 것처럼 승무원님도 '안녕하시입니이까. 그런데에요오. 선새엥니임~'처럼 말의 어미를 끄는 습관을 가지고 있어서 목소리가 아이 같은 느낌이 더 드는 겁니다. 일단 말투부터 고치시면, 지금보다 훨씬 성숙하게 느껴지실 겁니다. 먼저 말의 어미를 끄는 습관부터 짧게 고쳐 볼까요."

　"아, 그렇군요. 교수님! 기내방송을 할 때는 괜찮은데, 평소 말할 때 제가 많이 끌죠?"

　"네, 보이스는 말하는 습관을 고쳐나가는 과정이기 때문에, 조금은 어색하더라도 좀 더 담백하게 연습하는 습관을 가져볼게요."

　"그런데 제 목소리는 톤은 너무 높지 않나요?"

　"네, 선생님처럼 승무원이나 서비스직에 종사하는 분들은 친절한 목소리를 내기 위해, 자신도 모르게 목소리톤을 높이는 경향이 있습니다. 만약 점심식사를 하러 식당에 들어갔는데, 종업원이 굉장히 낮은 저음으로 '어서오세요.' 하고 인사를 한다고 생각해 보세요. 무겁고 진지해서 기분이 좋진 않죠? 그런데 한 톤 더 높여 '안녕하세요~'라고 해보세요. 더 밝고 활기찬 분위기가 연출이 되죠. 고객을 반겨주는 기분 좋은 에너지가 전달되며 다시 방문하고 싶은 생각이 저절로 들 수 있죠. 그러니 일할 때, 조금 높은 톤으로 말씀하시는 건 괜찮습니다. 하지만 평소에 자신이 목소리를 내기 좋은 가장 편한 메인 톤을 잘 잡는 연습을 해봐야 합니다."

"메인 톤이요?"

"메인 톤이란 말할 때 주로 사용하는 톤인데요. 목에 무리가 가지 않고, 쉽게 낼 수 있는 중저음을 말합니다. 자, 저와 함께 본인 목소리의 메인 톤을 찾아 볼까요?"

이렇게 목소리 톤을 여러 가지로 연습하고, 말의 억양을 조금만 변화시켰는데도, 매우 신뢰감있고 매력적인 보이스로 바뀌자 기뻐하면서, 앞으로 더욱 꾸준히 연습할 것을 약속했다.

상황에 맞는 목소리 톤 연출

1. 낮은 음 :

무겁고 진지한 내용을 전달하고자 할 때 사용해서 진지한 사람으로 비춰질 수 있다. 방송인들은 평소 무게를 잡고 이야기해야 하는 상황에서 사용하고 주로 시사 교양프로그램에서 사용한다.

2. 중저음 :

뉴스를 진행하는 아나운서들은 보통 이 중간 음을 많이 사용한다. 사람들에게 신뢰감을 줄 수 있다. 뉴스나 일반교양 프로그램처럼 객관적 정보로 당당하게 표현할 때 쓰는 것이 좋다.

3. 고음 :

경쾌하고 밝은 분위기를 연출하고 싶을 때 사용한다. 즐겁고 유쾌한 사람으로 비춰질 수 있다. 주로 밝고 생생한 현장감을 전달해야 하는 방송 현장 리포팅에서 자주 사용한다.

보이스 강조법으로 스타강사처럼 전달하자

"학생들이 수업 시간에 졸지 않도록 하고 싶다."

고등학교 선생님들을 대상으로 특강을 갔다. 그곳에서 들은 선생님들의 고민은 대체로 이렇다. 정말 어떻게 하면 학생들이 졸지 않게 수업을 할 수 있을까?

나도 학창시절에 수없이 졸아봤다. 특히 점심시간 후에는 식곤증까지 겹치면 서서히 감겨가는 눈꺼풀을 막기 힘들었다. 특히 목소리가 작고 톤도 일정한 영어선생님이 들어오시면, 그 짧은 시간에 케이오 당하기 일쑤였다. 그런데 따지고 보면 원인은 선생님의 목소리에만 있는 것이 아니라 선생님의 스피치 능력에 있는 경우가 많다.

선생님의 목소리를 자장가로 들려주지 않으려면 때로는 학생들을 집중시키기 위해 졸음에서 확 깨도록 만드는 스피치, 즉 표현 능력이 절대적으로 필요하다.

수능의 역사과목 스타강사로 불리는 설민석 강사가 있다. 설 강사의 강의를 들으면 역사에 흥미가 없던 친구들도 집중하게 만드는 매력이 있다. 이 분은 스토리를 쉽고 재미나게 풀어나가는 능력도 뛰어나지만, 말의 표현력이 매우 뛰어나다. 그 다양한 표현력 가운데 내가 집중하는 부분은 강조다. 이 분은 강조를 아주 잘 하시는 분이다.

강조에는 크게 두 가지가 있다.

첫째는 상대에게 잘 들리도록 하는 방법인데, 중간에 쉼표를 줌으로써, 뒷말이 잘 들리도록 하는 쉼 강조가 있다.

둘째는 목소리에 힘을 주거나 톤을 올려서 강조하는 악센트와 톤 강조가 있다.

설민석 강사는 이 두 가지 강조기법을 마치 롤러코스터를 타는 느낌으로 다양하게 잘 사용한다. 분위기 반전을 줘야 하거나, 시제와 상황이 전환될 때, 중요한 이야기를 할 때 목소리가 작아졌다 커졌다, 힘을 주었다 뺐다, 아주 맛깔스럽게 표현한다.

한번은 강남에서 설민석 강사와 같은 과목인 역사과목을 담당하는 수능강사를 지도했다. 차분하고 지적인 이미지와 좋은 중저음의 보이스 컬러를 가진 강사님이었다.

"강의가 너무 딱딱하다는 지적을 받네요. 어떻게 잘 할 수 있을까요?"

먼저 모의 강의를 진행해 보았다. 오프닝과, 포인트 부분과, 클로징까지 거의 비슷한 톤과 억양으로 진행했다. 오랜 시간 듣기에는 정말 지루했다. 특히 인터넷 강의 기회가 많아지면서 촬영을 해야 하는데, 이런 식으로 해서는 정말 승산이 없어 보였다. 스피치 코칭을 하면서 내가 중점을 두었던 부분은 다음과 같다.

"카메라를 학생들이라고 생각하세요. 부동체라 생각 말고 사람이라 생각하세요. 그 카메라에게 마치 옛날이야기를 들려주듯이 말해 보는 겁니다."

어렸을 적에 어머니나 할머니는 동화책을 읽어줄 때 생동감 있게 읽어주신다. 지금은 동화구연을 하시는 분들이 이 방법을 활용한다.

"옛~날 옛적에 산골 시골마을에~ 나뭇꾼과 선녀가 살았어요. 어느 날 나무꾼이 나무를 베러 산에 올라갔는데, 어머!! 호랑이 한 마리가 눈 앞에 턱!! 하고 나타난 거예요~"

때로는 긴장감을 이끄는 기법도 필요하다. 어떨 때는 확실하고 강하게 밀어붙이듯 빠르게 나가는 부분이 있는가 하면, 또 어떤 부분에서는 천천히 쉼호흡으로 조절하며 여유롭게 이야기하는 부분도 있어야 한다.

여기에서 중요한 것은 설민석 강사가 아무리 잘한다 하더라도 그를 따라가려고 하는 것이 아니라 나의 스타일을 찾아 나의 이미지에 맞게 이끌어 나가야 한다. 목소리는 강사만의 강점을 표현해 주기 위한 도구로 활용할 뿐이다. 처음에는 쑥스러워 잘 안 된다고 했지만 한두 번 하다 보니 점점 자신만의 스타일을 찾기 시작했다.

"이제 표정 연기를 해보는 게 어떨까요? 자, 소리가 커지고 힘을 주어 말할 때면, 입을 크게 벌리고 눈을 동그랗고 크게 떠보는 거예요. 눈 앞에 호랑이가 있다고 상상을 해보세요. 동공이 점점 커지면서…."

이렇게 목소리뿐만 아니라 얼굴의 표정을 담아 연기를 연습시켰다. 그러자 점점 표현력이 좋아졌고, 자신의 색깔을 표출하는 것도 자연스러워졌다. 지금은 강남에서 잘 나가는 수능강사로 활동하고 있다.

이미지로 전달력을 높여라
- VIP의 I (Image ; 이미지)

전달력을 높이는 다양한 시각 언어

방송인을 선발할 때 꼭 거쳐야 되는 시험이 카메라 테스트다. 카메라 앞에서 카메라를 자연스럽게 컨택하며 주어진 대본을 전달력있게 읽어 내려가는 시험을 본다.

이 때 카메라 앞에서 지원자의 목소리와 함께 평가되는 것이 이미지 다.

아나운서 중에 MC는 어떤 이미지를 떠올리는가? 많은 이들이 단정 하고 신뢰감 있는 얼굴을 떠올린다.

그 중에 기상 캐스터는 어떤가? 일반적으로 표정이 밝고 화사한 느낌 의 이미지를 떠올린다.

리포터는 어떠한가? 좀 더 경쾌하고 통통 튀는 이미지를 갖고 있다.

이미지는 말의 전달력을 높이는데 결정적인 역할을 한다. 그래서 방송국에서는 각 지위와 위치에 맞는 이미지를 가진 아나운서를 배치하고 있다. 개중에 뛰어난 능력을 발휘하는 아나운서는 어떤 역할을 맡든 팔색조의 이미지 변신을 통해 능숙하게 소화하는 경우도 있다.

내 지위와 위치에 맞는 이미지를 만들기 위해서는 고려해야 할 것이 몇 가지 있다.

첫째, 옷차림이다. 뉴스를 할 때는 신뢰감을 주기 위해 단정한 복장이어야 한다. 찢어진 청바지와 티셔츠를 입고 뉴스를 진행한다고 생각해 보자. 시청자들이 불쾌감마저 느낄 수 있다. 정치, 경제, 사회 등 각 분야의 소식을 전하는 과정에서 무겁거나 슬픈 소식을 전해야 하는데 청바지와 티셔츠 차림이라면 신뢰감이 떨어져 보일 수 있다.

이것은 뉴스를 전달하는 아나운서만의 문제가 아니다. 어느 자리에서 건 말을 하는 사람이라면 그 분위기에 맞는 옷차림에 신경을 쓰는 것이 좋다. 복장은 첫인상에서 한 눈에 들어오는 중요한 부분이기 때문이다.

둘째, 헤어스타일이다. 여자 아나운서의 경우 단발머리나 올린 머리가 많다. 길게 풀었을 경우에는 양쪽 머리가 흘러내리지 않도록 잘 고정을 해준다. 만약 제대로 빗지 않아 부스스한 차림으로 뉴스를 전달한다면 어떻겠는가? 뉴스 원고를 볼 때마다 머리가 앞으로 흘러내린다면?

헤어스타일은 얼굴의 생김새만큼이나 인상의 큰 영향을 끼친다는 것을 알고 신경을 써야 한다. 자신의 지위와 위치, 그리고 맡겨진 역할에 맞는 헤어스타일을 찾아 의사 전달에 효과를 높이는 이미지도 만들어 보자.

셋째, 자세다. 카메라 앞에 섰을 때 구부정한 어깨로 서있거나 짝다리로 서 있다고 생각해보자. 허리와 어깨를 펴고 반듯하게 서있는 것은 자신감을 보이지만, 뻐딱하게 서 있으면 거만함으로 비칠 수 있다. 상대의 기분을 상하게 해서 의사전달의 악영향을 끼칠 수 있다.

평소 어떤 자세를 자주 취하는가? 요즘 현대인들은 컴퓨터 앞에서 업무처리하는 시간이 많아지다 보니, 일명 거북목 자세가 많다. 반듯하게 허리와 어깨를 펴고 앉아보자.

넷째, 눈빛이다. 시선처리를 어떻게 하느냐에 따라 의사전달이 달라질 수 있다. 수시로 눈을 마주치며 초롱초롱한 눈빛을 보내면 정감 있고 신뢰감 넘치는 의사전달을 할 수 있다. 반대로 눈을 마주치지 못하고 초점이 허공에 머물러 있다면 자신감이 부족하다는 느낌을 줘서 의사전달에도 악영향을 미칠 수 있다. 사람은 눈만 보고도 이 사람이 나에게 호감이 있는지 알 수 있다. 호감을 드러내서 의사전달력을 높이고 싶다면 눈을 크게 뜨고 상대의 눈과 자주 마주쳐 주는 것이 좋다.

다섯째, 손동작이다. 손동작은 내용을 전달하는데 필수 요소다. 하지만 부산스럽게 같은 동작을 반복하거나 손을 비벼댄다면 역효과를 낼 수 있다. 자연스럽게 말을 하다 보면 손동작도 자연스럽게 나온다는 것에 유의하자.

이밖에도 이미지를 형성하는 것에는 많은 것이 있다. 표정, 어투, 피부, 눈썹 모양, 치아, 몸짓 등등.

말을 잘 하고 싶다면 반드시 챙겨야 할 이미지에 관심을 가져야 한다.

나는 어떤 이미지를 원하는가?
내 지위와 위치에 맞는 이미지를 찾아 보자.

밝은 표정을 위한 얼굴 근육 스트레칭

얼굴은 나의 거울이라고 한다. 얼굴도 운동이 필요하다!
직장생활을 하면서 컴퓨터 앞에 많이 앉아 있거나, 크게 웃을
일이 없을 경우 표정이 점점 굳어 버릴 수 있다. 이때 매일 5분
정도 얼굴 스트레칭을 하는 것이 좋다.

1. 좌우 윙크 10번씩 한다.
2. 입을 크게 아~벌렸다가 오므린다.
3. 눈을 감고 오른쪽으로 5번, 왼쪽으로 5번 눈동자를 굴린다.
4. 혀끝을 오른쪽 뺨, 왼쪽 뺨을 번갈아 가며 민다.
5. 손으로 가볍게 얼굴을 꼬집는다.

오바마 대통령과 시진핑 주석의 악수 대결

　오바마 대통령과 시진핑 주석의 악수 대결, 즉 바디랭귀지를 분석한 재밌는 기사가 있다. 악수할 때 오바마는 팔을 굽혔지만 시진핑은 팔을 굽히지 않았다. 보통 악수할 때 상대와의 거리가 중요하다. 그 거리를 좁히기 위해 오바마는 시진핑에게 다가가 팔을 굽혔지만, 시진핑은 오바마와 거리를 유지한 채 악수하기 위해 팔을 뻗기만 한 것이다. 그리고 오바마는 시진핑의 팔을 자연스럽게 만지며 환하게 치아를 보였지만, 시진핑은 치아를 보이지 않고 살짝 미소를 띠는 듯 마는 듯 입술을 깨문 표정이었다.

　■ 출처 _ 김형희의 바디랭귀지 사용설명서 중에서

　이 사진을 보고 여러분은 누가 더 여유있어 보이는가?

　오바마가 미국의 첫 흑인 대통령으로 당선되었을 때 정말 많은 연구

분석이 있었다. 오바마가 흑인임에도 전 세계를 지배하다시피 하는 미국의 대통령이 될 수 있었던 것은 화려한 언변 못지않게 비언어적인 표현이 정말 자연스러웠기 때문이라는 분석도 있었다.

오바마는 연설할 때 어깨를 활짝 펴고, 팔을 크게 움직이며, 동작을 최대한 크게 취한다. 이런 동작이 사람들에게 매우 호감을 주었고, 열정적인 대통령의 이미지를 심어 주었다.

우리는 보통 불편한 사람과 함께 있으면 행동이 작아진다. 반면 편안함과 자신감을 느끼는 상태에서는 동작이 커진다. 오바마처럼 동작을 크게 하는 것은 편안함과 자신감의 표현으로 상대에게 호감을 줄 수밖에 없다.

말을 잘 하고 싶다면? 오바마처럼 어깨를 펴고 당당한 모습으로 여유 있게 크게 웃어보자. 특히 리더의 자리에 있다면, 지위에 어울리는 포즈를 취해보고 제스처를 바꿔보자. 자연스럽게 동작을 크게 하며 상대에게 호감을 표하는 노력을 기울여보자.

호감을 주는 몸짓 언어

1. 고개 끄덕이기

상대의 이야기가 진행되는 중간 중간 가볍게 끄덕이며 '나는 당신 이야기에 경청하고 있습니다. 함께 공감하고 있습니다' 라고 표현해 보자. 진심으로 공감하고 경청하는 마음으로 해야 한다. 자칫 마음을 챙기지 못하고 모양만 따라 하다 보면 '빨리 끝내 달라' 는 뜻으로 전달될 수 있다는 것도 염두에 둬야 한다.

2. 악수하기

처음 만나는 사람에게 반갑게 악수를 하자. 악수는 윗사람이 아랫사람에게 청하는 것이고, 여자가 남자에게 먼저 청하며, 오른손으로 하는 것이 기본 예의라는 것도 숙지해 두자.

3. 오른쪽으로 머리 기울이기

상대 이야기를 잘 듣고 있다는 표현이다. 소개팅 자리에서 상대에게 호감이 있을 경우 고개를 오른쪽으로, 관심이 없을 때는 왼쪽으로 기울이는 경우가 많다고 한다. 무의식적인 행동으로 상대에게 오해를 줄 수 있으니 잘 숙지해서 적절히 활용할 수 있어야 한다.

스티브 잡스의 프레젠테이션 동작들

스티브 잡스는 생전에 PT의 대명사로 불렸다. 그의 PT는 사람의 마음을 사로잡는 마력이 있었다. 따라서 말을 잘 하고 싶다면 그가 말을 할 때 함께 선보였던 이미지 전략에 관심을 갖는 것도 의미가 있다.

그는 다양한 바디랭귀지로 청중의 관심을 사로잡았다. 청중과 부드러운 아이컨택은 물론이고, 자연스러운 손동작으로 마치 공연을 하듯 하나가 되는 자리를 마련해 나갔다.

그가 PT를 위해 무대에 섰을 때는 각본이 짜인 듯한 딱딱한 이미지가 아니었다. 아주 자연스럽게 슬라이드를 넘기며, 중간중간 재미있는 위트까지 섞어가며, 무대 위에서 마치 혼자 공연을 하듯이 이끌어갔다.

그는 뒷배경 이미지에도 크게 신경을 썼다. 화면에 말은 거의 쓰지 않고 핵심적인 이미지만으로 의사전달력을 높였다. 젊은 세대에 맞춰 청바지 차림으로 무대에 올랐고, 눈빛, 손동작, 무엇 하나 청중의 시선을 사로잡지 않는 것이 없었다.

그리고 말의 타이밍을 정확히 잡았다. 자신이 강조하고자 하는 핵심단어가 나올 때 거기에 맞는 자연스러운 손동작을 취했다.

그는 누구보다 말의 전달력을 높이기 위해 시각적으로 보여주는 이미지 관리에 치밀했다. 말을 잘 하고 싶다면? 스티브 잡스의 시각적 효과를 노린 스피치 기법에 관심을 갖고 따라 배워야 한다.

나 역시 그렇게 해왔고, 강의 현장에서 이미지 스피치의 중요성에 대해 수없이 강조하고 있다.

프레젠테이션에서 의사 전달력 높이는 손동작

1. 손의 위치는 배꼽보다 조금 올라간 상태가 기본이다. 손을 너무 올리거나 너무 떨어져 있으면 불편해 보여 의사 전달력을 떨어뜨릴 수 있다.

2. 상대에게 손바닥을 보여주는 동작을 취하자. 손바닥을 보여주는 것은 '나는 당신을 위협하지 않습니다.'라는 의미가 담겨 있다. 청중에게 열린 자세로 다가가는 느낌을 준다.

3. 청중을 향해 손가락으로 가리키지 않는다. 손가락으로 지적하는 느낌이 들어 공격적으로 보일 수 있다. 특히 검지손가락만 펴고 청중을 향하는 것은 삼가야 한다. 욕처럼 보일 수 있기 때문이다. 무대 위에서는 가급적 바닥을 펼쳐 보인 상태에서 손동작을 취하는 것이 좋다.

※ 손동작에 관한 부분은 부록 3M 법칙 실습편에서 더 자세히 익혀 보자.

스피치의 골든타임을 잡아라

메르스 바이러스 감염에 대한 우려와 공포로 나라가 어수선한 적이 있었다. 단 한 명이었던 메르스 확진자가 백단위의 확진자로 확산되었고, 첫 감염환자가 발생했을 당시 '골든타임'에 적극적 대응을 했더라면 사태가 이렇게까지 악화되지 않았을 것이라는 비판의 목소리가 높았다.

골든타임은 흔히 어떤 사고나 질병이 발생했을 때 치료가 행해져야 하는 금쪽 같은 시간을 말하는데 우리 내 인간관계에서도 스피치의 골든타임이 있지 않을까? 살면서 한번쯤은 갈등의 대화를 나눠본 적이 있을 것이다. 부부간, 자녀간, 동료간 등 갈등의 불이 켜졌을 때 가급적 빠른 시간 안에 불을 끄고 싶지만 그리 쉽지만은 않다.

적절한 타이밍에 한마디 말을 하면 갈등의 불이 쉽게 꺼질 수 있는 것을 시기를 놓쳐 김치에 곰팡이가 나도록 묵히고 묵히다 보면 화해할 기회를 놓치고, 오해는 더욱 깊어져 급기야 원수로 돌아서기도 한다. 물론 시간이 지나면서 자연스럽게 해결되는 갈등도 있지만 그동안의 정신적 스트레스와 에너지 소모는 이루 말할 수 없을 정도가 된다.

소화기로 막을 수 있을 것을 소방차 수십 대를 불러야 되는 큰 사태로 만들지 말고 골든타임을 잘 사용해 갈등의 불을 쉽게 꺼버리는 것이 현명한 방법이다.

그렇다면 갈등의 초동진화를 위해 필요한 것은 무엇일까?

상대가 나의 말에 기분이 나쁘거나 상처받았는지 알 수 있는 '관찰의 말하기'를 해야 한다. 별 생각 없이 한 말과 행동에 상대가 심하게 상처를 받는 일이 있다. 눈치가 빠른 사람이라면 쉽게 파악하지만, 그렇지 않은 사람은 상대의 반응을 살피지 못하고 갈등의 골을 키워만 간다. 그렇다면 상대의 반응을 어떻게 알아차릴 것인가?

바로 비언어적인 표현을 읽을 줄 알아야 한다. 사람은 말할 때 입으로 나오는 언어뿐 아니라 표정이나 눈빛, 몸짓 심지어 상대방과의 간격과 거리 등 비언어적인 표현으로 무의식을 드러낸다.

심리학자인 마이클 폭스는 커뮤니케이션의 80퍼센트가 비언어적 수단에 의존한다고 하였다. 일례로 코를 만지는 행동은 거짓말을 할 때 많이 나타난다고 한다. 감정의 폭의 변화가 있으면 얼굴에 피가 쏠리게 되는데 이를 감추려고 자연스럽게 코를 만진다는 것이다.

시선이 다른 곳으로 향하거나 손을 만지작거리는 행위 또는 일부러 몸을 뒤로 당겨 상대와의 거리를 늘리는 동작들은 상대 말에 동의하기가 어렵거나 불편하다는 표현이기도 하다. 반대로 손을 앞으로 놓는다거나 고개를 끄덕이면서 동조하는 행위는 상대의 말에 경청하고 적극적으로 공감하고 있으며 존중하고 있다는 의미를 표현하는 것이다.

문제해결은 그것이 문제라는 것을 인식하는 것부터 시작된다. 비언어적 표현을 통해 상대방의 심리를 빠르게 파악하고 적절히 대응한다면 사회생활에 큰 도움이 된다.

호미로 막을 것을 가래로 막은 메르스 사태를 교훈으로 삼아 인관관계의 빨간불도 수시로 돌아보고 갈등이 확산되기 전에 지혜롭게 해결해 보자.

속마음을 표현하는 몸동작

1. 불편함을 표현하는 몸동작

① 다른 것을 자주 쳐다 본다 – 관심 없다. 불편하다.

② 턱을 괸다 – 지루하다. 딴 생각하고 싶다.

③ 다리를 떨거나 흔든다 – 집중하기 어렵다.

2. 호감을 표현하는 몸동작

① 상대와의 거리를 좁혀 가까이 간다 – 더 이야기하고 싶다.

② 두 손을 앞으로 놓는다 – 집중하고 있다.

③ 고개를 끄덕인다 – 이해한다. 공감한다.

④ 박수를 친다 – 매우 동조하거나 흥미있다.

지위와 역할에 맞는 목소리를 만들자
- VIP의 P (Position ; 지위)

스피치, 리더가 먼저 배워야 한다

"이대리, 내일까지 이 보고서 좀 작성해오세요."
"네 알겠습니다."

조금 있다가 상사는 이대리를 부른다.

"이대리, 지난 번 시안 어떻게 진행되고 있지? 도표로 좀 알기 쉽게
보여주세요."
"네, 알겠습니다."

이대리는 속으로 생각한다. 무슨 도표까지 필요한담? 그나저나 지금
하고 있는 기획안에 새 보고서까지, 휴우, 물리적으로 시간이 부족한데,
내일까지 이 보고서도 완성하려면 오늘도 야근이군. 휴우.

3시간이 지나 리더에게 전화가 온다.

"이대리, 지금 중요한 미팅이 있어서 외부 나왔는데, 지난 번 진행하던 프로젝트 계획안 있지? 급하니 빨리 한 시간 내로 마무리해서 내 메일로 보내주세요."

'앗, 급한 일이라고 하니 이것부터 끝내야겠군.'

열심히 준비하지만 슬슬 스트레스가 밀려온다. 지금하고 있는 일도 많은데 갑자기 일을 주고 그래!

미팅에서 돌아온 상사는 다시 이대리를 부른다. 그리고 새로운 일거리를 주고 퇴근한다.

이렇게 직원에게 쉴새없이 과제를 던져주는 리더가 있다. 직원들에게 월급을 줘야하는 고용주 입장에서는 일을 시키는 것이 당연하다는 생각으로 일을 주지만, 그 일을 받는 직원들은 불만을 가질 수밖에 없다.

리더들이 어떻게 일을 주느냐에 따라 직원들이 체감하는 스트레스는 분명 다를 수밖에 없다. 리더들이 수직적인 형태로 부하직원들에게 일의 중요성이나 일의 배경을 충분히 이해시키지 않고 마구 주는 식으로 일을 시키면, 부하직원은 일을 해야 할 당위성과 의욕을 느끼기 어렵다. 일의 능률도 저하될 뿐더러 일에 적극적이고 창의적으로 접근할 기회가 줄어든다. 점점 지시하는 일을 마무리하는 데 급급해져, 일의 완성도가 떨어질 수밖에 없다.

이제는 상사가 부하직원들에게 수직적으로 시키는 행위가 아닌, 수평적으로 서로 존중하며, 오히려 부하직원의 성장을 돕는 멘토의 역할을 해야 한다. 시대가 빠르게 변하고 있다. 더 이상 수직적 관계 속에서 강인한 카리스마로 다른 사람들을 이끄는 것은 한계에 부딪혔다. 이제는 다른 사람들을 스스로 움직이게 만드는 능력, 스스로 따라오게끔 하는 능력, 즉 서번트 리더십, 팔로우 리더십으로 불리는 능력을 갖춰야 한다.

서번트 리더십은 인간의 자율성, 자발성을 인정하고 존중하는 것이 출발이다. 누가 지시해서가 아니라 스스로 선택해서 행동할 때 성과와 결과물도 만족하게 나오는 것이다. 자기 스스로 생각하고 표현능력이 절대적으로 필요한 시대를 살고 있다.

부하직원을 회사와 함께 성장시키고 싶은가? 그들의 자율성을 인정하는 마음으로부터 다시 시작하라. 그들의 마음은 무엇을 원하고, 그들의 생각은 무엇을 그리고 있는지 관심을 가져라. 그들의 생각과 마음을 읽어주는 것으로부터 조직의 분위기와 업무성과가 달라질 것이다.

스피치로 전문의의 품격을 잡아라

어느 날 한의사 선생님이 스피치 교육을 받으러 왔다. 하루 종일 진료를 마치고, 퇴근 후에 스피치 교육을 받으면서 대단한 열정을 보이는 분이다. 코칭을 받고 나면 집에 돌아가서 카카오톡으로 연습과제를 올릴

만큼 절실하게 배우셨다. 그 분을 처음 상담했을 때다.

"한의사 선생님께서 왜 스피치를 배워야 하죠?"

"매일 환자들을 만나는데, 진료만이 아니라 마음으로 환자의 말을 듣고 전문적인 느낌으로 상담해주고 싶어요. 그런데 저는 혀 짧은 소리가 나서 말할 때 스스로 발음이 안 된다는 것을 느끼니까 나이 드신 환자분들한테 창피한 느낌마저 듭니다."

혀 짧은 소리? 그러고 보니 얼른 떠오르는 연예인이 있었다. 두 사람이 마주 서서 슬픔에 잠겨 눈물을 흘리며 서로의 이름을 불러주는 장면에서 "준상아!"를 "둔상아!"로 발음해서 드라마에 몰입도를 떨어뜨렸던 기억이 생생하다. 한때 높은 시청률을 자랑했던 드라마에서 활약한 미모의 여배우 최지우 씨!

어디 그뿐인가? 뭇여성들에게 인기를 끌고 있는 권상우 씨도 있다. 연기력도 뛰어나고 훈남 훈녀로 인기를 누리는 배우들도 나름대로 혀 짧은 소리를 내는 콤플렉스를 안고 있다는 것은 우리에게 큰 위안이다. 신은 그 누구도 완벽하게 만들지 않았다는 것을 확인할 수 있으니.

"둔상아!"

준상이란 이름이 둔상으로 들리는 순간, 드라마의 몰입도가 떨어지면서, 슬픈 장면임에도 불구하고 웃음을 자아내는 것은 그래도 봐줄 만하다. 혀 짧은 소리를 들으면 일면 귀엽고 사랑스러워 보이기도 하다. 남자친구에게 필요한 무엇인가가 있을 때, 여자친구가 적절한 비음을 섞어 말한다면 아주 효과적일 수 있다.

하지만 전문성을 드러내야 할 때는 사정이 다르다. 고객이 나를 무시하고 다른 곳으로 떠날 수 있다. 그래서 전문의라면 전문의의 품위를 드러내는 정확한 발음과 품위 있는 어투가 절대적으로 필요하다.

일반적으로 혀 짧은 소리의 원인은, 혀가 짧기 때문이라고 생각한다. 하지만 꼭 그렇지만 않다. 혀가 길어도 혀 짧은 소리를 내는 사람들이 많다. 이럴 때는 혀를 최대한 안으로 집어넣어 발음하면 쉽게 고칠 수 있다. 문제는 습관화된 것을 본인 스스로 모른다는 것이다. 자신의 습관을 모르니까 신체적으로는 아무런 문제가 없는데 고치기 힘든 경우가 많다.

프로게이머인 홍진호 씨의 이야기다. 그는 한 오락 프로그램에서 이렇게 말했다.

"쌈디 씨가, 흥분하면 말이 빨라져요, 흥분 안 하면 되는데 그게 잘 안 돼요."

홍진호 씨는 말이 빠르고, 발음이 부정확한 보이스 콤플렉스로 동료들로부터 발음 안 되는 캐릭터로 놀림을 받으며 시청자에게 웃음을 주고 있었다. 그때 그는 말했다.

"여러 가지 발음 연습하는 책을 가지고 연습도 해 봤는데 잘 안 고쳐지네요. 그래서 포기했어요."

발음이라는 것은 어렸을 적부터 부모님의 입모양을 보고 듣고 자연스럽게 체득된 부분이라, 어린 시절 교정을 안 하면 성인이 되어서 참 교정하기 어려운 부분이다. 그만큼 어른이라면 더 많은 노력을 기울여야 한다.

먼저 알파벳을 배우듯이 모음의 입모양과 자음의 조음점을 하나하나 짚어가며 연습하는 데 많은 시간을 투자해야 한다. 혼자서 고쳐 나가려면 그만큼 간절함과 노력을 보여야 한다.

ON AIR

지위와 역할에 맞는 스피치 하기

1. 공식 언어와 사적 언어를 구분하자

리더는 조직의 분위기 형성에 가장 큰 역할을 한다. 리더의 성향과 소통능력에 따라 조직체가 하나되어 협동할 수 있는가 하면, 반대로 분쟁하고 불통할 수도 있다. 따라서 구성원들을 하나의 유기적인 공동체로 인식한다면, 조직원들 사이의 사적언어와 공적언어를 구분해야 한다.

"어제 잘 들어갔나?"

개인적으로 술자리를 가진 직원에게, 또는 회식이 끝난 다음에 2차를 따로 가졌을 경우에 이런 말은 조심해야 한다.

"어제 그 집 술 진짜 맛있었어? 안 마신 사람 정말 후회될 거야."

이때 특별한 일이 있어서, 또는 술이 약해 2차에 함께 하지 못한 구성원이 옆에서 듣고 있다면 소외감을 느낄 수 있다는 것을 알아야 한다.

공개적으로 사적인 부탁을 하거나, 사적 모임을 언급하는 경우도 있다.

"OOO씨, 우리 동문 모임 언제죠? 그날 참석하는 사람이 누군지 파악 좀 해주세요."

학교, 고향 후배와 공공연히 공적인 장소에서 사적인 잡담을 스스럼없이 하는 경우, 다른 직원들은 불쾌감과 위화감을 느낄 수도 있다는 것을 알아야 한다.

2. 지시는 구체적으로 분명하게 하라

리서치 전문기관 폴에버가 1,270명을 대상으로 직장인의 스트레스 경험에 대해 조사했다. 가장 심한 스트레스를 주는 것은 약 40%가 변덕스러운 상사라고 말했다. 상사입장에서는 내가 지시한 바를 부하직원이 업무능력이 부족해서 잘 수행하지 못한다고 생각하고, 반대로 부하직원 입장에서는 상사가 분명히 시킨 대로 했는데 말을 바꾼다고 생각하는 경향이 많았다. 지시내용이 분명하게 전달되지 않았기 때문이다.

효과적인 SMART 업무지시

1. **Specilfic** : 원하는 결과를 구체적으로 지시한다.
2. **Measurable** : 기대수준, 평가방법을 제시한다. 어떤 것이 잘한 수준인지 기준을 말해준다.
3. **Action oriented** : 무엇을 해야 하는지 알려준다. 어떤 것부터 하는 것이 좋은지를 알려줘야 한다.
4. **Relevant** : 배경상황 전후 맥락, 업무와의 관계성을 알려준다. 조직의 상황 대상자의 업무 연결성에 효과가 있다.
5. **Time bound** : 예정된 시간이 언제까지인지, 언제까지 마쳐야 하는지 정확히 알려준다.
－ 출처 : 리더는 업무지시가 반이다

효과적인 회의 진행법을 익혀라

"자, 지금부터 주간 회의를 시작하도록 하겠습니다. 오늘 안건은 OOO 입니다. 먼저, 지금까지의 진행상황에 대해 알아볼 텐데요…."

　A군은, 수첩을 꺼낸다. 책상에 올려놓고 받아 적을 준비를 한다.
　B군은, 오늘 아침 아내와 아이를 두고 싸운 것이 마음에 걸린다. 아내 에게 사과를 해야 하나 고심 중이다.
　C군은, 어제 늦게까지 야근하고 술을 마셨더니 어깨에 곰 세 마리는 올라가 있는 느낌이다. 피곤해서 아무것도 생각하고 싶지가 않다.

　회의 자리에는, 앉아있지만 다들 제각각의 생각을 하고 있다. 이때 바로 회의로 들어가면 과연 회의가 매끄럽게 진행될까.
　누군가는 열심히 참여할 수도 있지만, 누군가는 눈치를 보면서 한 마디씩 던지고 누군가는 아무 말 없이 회의가 언제 끝날지 시계만 보며 회의의 의미를 모른 채 시간만 때울 수 있다.

　바람직한 회의는 구성원 전체가 함께 적극적으로 정보를 공유하고 아이디어를 창출하며 창의적이고 생산적으로 참여하는 것이다. 이런 회의는 누구나 원하지만 쉽지 않다.

　이때 성공하는 스피치 공식이 필요하다.
　누군가와 대화할 때는 상대방이 먼저 문을 열 수 있도록 해야 한다.

직접적인 말로 들어가기보다는 가벼운 이야기로 유대감을 형성하는 것
이다. 상대가 이야기를 들을 준비가 되지 않았다면, 상대의 마음을 오픈
하는 말을 건네야 한다.

"오늘 오는 길에 연분홍색의 코스모스가 즐비하게 피어있는 것을 보
았습니다. 보신 분 계신가요?"

그러면 구성원들은 제각각 자신의 생각에 빠져들 것이다. 그러면서 자
연스레 마음의 문을 열게 되는 것이다.

구성원A : (코스모스 있었나?)
구성원B : (아, 나도 코스모스 봤어, 예쁘더라.)

"코스모스를 보니 가을이 성큼 다가왔다는 것을 느끼네요. 그렇습니
다. 올해도 3/4이 지나고 있습니다."

구성원 C : (맞아 시간 참 빠르다.)

"올 초에 계획했던 것들, 아직 잘 마무리가 안 된 것들, 좀 더 매진해
야 하는 일들, 최선을 다해서 잘 마무리해 봅시다. 웃는 얼굴로 추수하
는 농부처럼 우리 조금 더 힘을 내서 좋은 결실을 맺어 봅시다."

구성원을 참여시키려면 이런 식으로 그들의 관심과 주의를 집중시켜

야 한다. 가장 효과적인 것이 구성원의 관심사를 모을 만한 질문을 하거나, 호기심을 자극하는 것이다.

회의를 시작할 때 먼저 주의를 집중시킨 후, 이 회의가 왜 필요한지, 얼마나 중요한지 알려준다. 그래야 구성원들은, '아, 이 회의가 쓸모없는 회의가 아니구나.' 라는 것을 깨닫고 회의에 더 집중하려고 노력한다.

또한 회의가 어떻게 진행될 것인지, 예를 들어 "한 사람씩 돌아가면서 1분 내에 발언하고 30분 동안 진행하겠다"는 식의 프리뷰를 해줘야 한다. 그러면 회의 뒤에 일을 어떻게 할 것인지 가늠할 수 있어서, 구성원들이 회의시간을 지루하게 보내는 것을 예방할 수 있다.

본격적인 회의를 진행할 때는, 마치 TV 백분 토론의 사회자를 연상해 보자. 한 사람의 발언이 끝나면, 발언한 내용을 요약 정리해 준 후에 다음 사람에게 연결해 주고, 정보를 다시 한번 정확하게 인지하고 공유할 수 있게 하고, 구성원들이 골고루 참여할 수 있도록 이끌어 주는 것이다.

마지막으로 오늘 회의의 내용을 요약 정리하고, 마무리를 해야 한다. 이미 언급한 내용이라도, 잘못 이해한 구성원이 없는지, 소통이 정확히 이뤄졌는지 확인하기 위해서라도 요약 정리는 꼭 해줘야 한다.

때로는 분명한 의사표현을 하라

"교수님 제가, 걱정이 있습니다. 취직을 하고 4개월째 인턴생활을 했는데요. 월급이 차비 정도밖에 되지 않아요. 그래도 정규직이 되면, 처우가 좋아질 것을 기대하면서 힘든 일을 버텨왔습니다. 드디어 이달부터 정규 직원이 되었는데요. 회사를 계속 다녀야 할지 고민입니다. 엊그제 사장님이 저를 따로 부르시더니, 정규 직원 급여를 줄 수 없다고 하시네요. 회사 사정이 어려워서 미안하다며, 제가 아직 많이 부족한 부분도 있으니까 당분간 인턴기간은 끝났지만 인턴 비용을 줘야할 거라고요. 받아들이기 힘들면 나가도 좋지만, 사장님은 저를 잘 키워서 일을 잘 해보고 싶은 생각이 있다고 말씀하셨어요. 처음엔 회사 사정이 어려울 때 도와주는 것도 의리라고 생각했는데, 제가 자취비도 내야 하고요. 취직했다고 첫 달에 친구들한테 흥청망청 돈을 쓴 게 후회되네요. 지난 달부터 카드빚이 생겼어요. 사장님께 뭐라고 말씀드려야 할까요?"

어느 날, 또 다른 제자의 상담이다.

"교수님, 제가 작은 학습지 회사에 사무직 일을 구했어요. 보수도 친구들보다 조금 많고요. 사장님도 정말 좋아요. 그런데 요즘 함께 일하는 선배 때문에 정말 힘들어요. 같은 사무실에서 일하는 저보다 5살 위 선배님이 계신데요. 이 분은 사장님이 안 계실 때마다 자리를 자주 비워요. 중간에 자리를 자주 비우다 보니, 그 사이 들어오는 상담 전화를 제가 다 감당해야 해요. 연락이 동시에 몇 건씩 올 때는 정신이 하나도 없어요. 전화가 울리니 안 받을 수가 없죠. 그러다 보면 제 업무가 계속 미뤄지고, 야근이 잦아지고 있어요. 엊그제는 급한 일이 있다고 자기 일까지 저한테 던져주고 갔어요. 그렇다고 사장님께 이르기도 뭐해요. 그 선배가 평소에 저한테 잘해주고, 가정 형편도 어려워서 해고되면 안 되는 처지거든요. 제가 나이도 어리고 입사도 늦으니까, 다른 회사도 다 막내들이 하는 게 아닐까 싶어서 하고는 있는데요. 매일 야근하니까 친구들과 어울릴 내 시간이 전혀 없어요."

이제 막 취업을 한 제자들이 고민을 털어 놓는다. 이런 친구의 고민은 구체적인 내용은 다르지만, 회사 상사나 동료의 행동 때문에 스트레스를 받는다는 공통점이 있다.

누구나 자기중심적인 사고를 갖고 있다. 인간이라면 누구나 외부로부터 나를 보호하고 방어하려는 지극히 자연스러운 심리를 갖고 있다. 하지만 이것을 제대로 교육하지 않으면 나르시스적인 사람, 즉 자기 자신은 맘대로 행동하고, 주변에 피해를 주어 주변 사람들을 힘들게 하는 캐릭터가 생긴다. 다양한 사람들과 함께 살아가면서 이런 나르시스적인 사람들에 의해 스트레스를 받아본 적이 있을 것이다.

이때 상대의 입장에서 배려할 것인가, 상대에게 나의 생각을 요구할 것인가에 대해 고민하게 된다.

A학생의 상사는 정말 회사 사정이 어렵고, A와 함께 앞으로도 일하고 싶다면, 당월 급여를 주지 못하는 대신, A의 입장을 배려한 A손해에 대한 대안이나 계획도 함께 제시해야 한다.

나는 좋은 마음으로 상대를 배려하지만, 이것을 악용하려고만 하는 사람이 있다면, 이때는 분명한 의사표현으로 나를 보호해야 한다.

하지만 위계질서가 강한 힘의 원리가 작용하는 곳에서는 현실적으로 이 부분이 많이 어렵다. 그렇기 때문에 사회초년생의 경우에는 더더욱 이런 불공정한 상황에 대응하는 용기나 기술을 배워서 연습할 필요가 있다.

물론 선량한 마음으로 이해하거나 배려해주는 것이 좋은 것이지만, 때로는 외부에서 나에게 침범하는 영역에 대해 확실한 선을 만드는 것도 중요하다.

친구가 여러 차례 나한테 돈을 빌려달라고 요청하고 한 번도 갚은 적이 없다면? '얼마나 어려우면 나한테 돈을 또 빌려달라고 할까?' 라고 생각할 수 있지만, 나의 진솔한 성의가 반복돼서 무시된다면 다시 생각해 보자.

이제까지 빌려준 돈을 다 받아야 다음 요청을 들어주는 것이 맘이 편하다면, 나의 정확한 마음과 의사를 정중하게 표현할 줄 알아야 한다. 때로는 직설적이고 분명한 의사 표현이, 상대가 도를 넘는 행동을 하지 못하게 하는 최고의 방안이기 때문이다.

'시소법칙' 이라는 것이 있다. 시소는 무게가 더 많이 나가는 쪽으로 기울기 마련이다. 하지만 수평으로 맞추려고 노력하면 균형이 유지된다. 상황에 따라 수평으로 맞추려는 용기와 노력도 필요한 것이다.

> "함부로 당신의 영역을 침범하거나 일방적으로 시소 위에만 앉지
> 못하게 하라."
> – 카운슬링 잭 캔필드

인간관계에서 '시소법칙'을 지키기 위해 노력해야 한다.

04

3M 법칙으로 면접을 잡아라

3M 법칙 면접 특강

마인드 SOS

Self-portrait 솔직하게 마주 하라

Self-confidence 자신의 꿈을 확고하게 믿어라

메시지 S4

Social Speech – 'Yes, But~' 화법으로 토론면접에서 빛나라

Smart Speech –면접관이 원하는 것을 대답하라

Special Speech – 진정성으로 승부하라

Simple speech! – FEO 말의 틀을 만들어라

메신저 VIP

Voice – 면접장에서 잘 들리는 목소리

Image – 표현의 기술을 활용하라

마인드 Mind

1. Self-portrait ; 자화상

솔직하게 마주 하라

"교수님! 입사서류에 하지 않은 일을 적어도 되나요? 제가 고등학교 때 의무로 한 봉사활동 외에 대학에서 딱히 봉사활동을 한 게 하나도 없는데 지원하는 회사 입사서류에 봉사활동란이 있네요. 이 칸을 비워 두자니 너무 휑하네요."

학업에 열중해서 학과 성적이 뛰어나고, 전공인 영어도 확실히 잘 다져놓은 친구였다. 그런데 특별한 교내외 활동이 없었다.

"하지 않은 일을 쓰는 것은 양심과 윤리의 문제입니다. B군의 양심에서는 이미 안 된다는 걸 알고 있는 것 같은데요. 만약 면접에서 봉사활동 사항에 대해 구체적으로 물으면 뭐라고 답변할 수 있을까요? 임기응변으로 대충 얼버무리다간 금방 들통 날 일이죠."

매우 중요한 말이다. 자신에게 부끄러운 행동을 하면 면접장에서 말할 때 마음에 걸려 자신감이 떨어진 스피치를 할 수밖에 없다. 따라서 양심에 걸릴 일을 하기보다 지금이라도 봉사활동을 찾아 직접 해봐야 한다. 봉사활동을 정기적으로 하는 친구나, 인터넷 사이트, 대학생연합 봉사카페 등을 검색해서 직접 해봐야 한다. 더불어 취업하고자 하는 회사에서 중요시여기는 인재상이나, 취업준비 사항을 꼼꼼히 살펴서 준비해 나가야 한다.

면접에서 당당한 모습을 보이려면, 우선 나와의 소통이 돼야 한다. 앞서 3M 법칙 마인드 편에서 첫 번째로 강조한 것 중에 자화상을 떠올려보자. 나와 충분히 소통한 사람만이 나에 대해서 충분히 알 수 있다.

가끔은 받아들이기 싫은 나의 모습도 있을 것이다. 하지만 피하지 말고 자신과 대면하자. 자신에게 솔직해 질 때, 나의 단점이 무엇이고, 그 단점을 극복하기 위해 무엇을 해야 하는지 알 수 있다.

현재 부족한 점이 있다면, 받아들이는 것이 먼저다. 자신에게 부족한 점을 보완할 방법을 찾자.

"대면한다고 해서 모든 것이 바뀔 수는 없지만, 맞서 대면하지 않으면 아무것도 바꿀 수 없다."
- 작가 제임스 볼드윈

나를 당혹케 하는 면접에 대처하는 팁!

  가끔 수험생을 당혹케 하는 면접이 있다. 흔히 압박면접이라고 불린다. 단점을 지적하는 경우, 많은 사람들이 이 부분에 대해 준비되어 있지 않으면, 당황해 하거나 말을 얼버무린다. 하지만 자신과의 끊임없는 소통을 통해 단점을 파악하고 그것을 극복하려고 노력한 사람은, 이러한 압박면접에서도 거뜬히 평정심을 유지할 수 있다.

압박면접 잘 보는 팁!

1. 내가 예상하지 못한 질문이 나올 수도 있다고 미리 각오하라. 미리 예측하는 것만으로도 큰 도움이 된다.
2. 면접관이 당신에게 인상을 쓴다거나, 압박해 오면, 이것은 일부러 나의 상황대처 능력과 위기능력을 테스트하기 위한 것이지, 나를 싫어하거나 나를 떨어뜨리려 하는 것이 아니라고 되새긴다. 차분히 잘 대답하면 합격할 수 있는 기회라고 생각하고 긍정적인 자세로 임해야 한다.
3. 대답하기 곤란한 질문이 나왔을 때, 갑자기 표정이 바뀌거나 인상을 찡그리는 등 자신의 마음을 크게 드러내지 않도록 컨트롤하라. 이때는 잠시 1~2초 담담하게 포즈를 취하고 진실한 태도로 생각나는 내용을 천천히 대답한다. 면접관도 사람이라는 것을 인식하고, 솔직하게 접근할 때 상대의 마음도 열 수 있는 법이다.

2. Self-confidence ; 자신감

자신의 꿈을 확고하게 믿어라

"했다고 말하고 믿는 순간 기적은 시작되는 거야."

제자이자 현대홈쇼핑 쇼호스트이기도 한 K군의 카톡 프로필에 써 있는 글귀다.

보통 쇼호스트 합격까지 준비기간은 개인차가 있지만 1년 이상 걸린다. 하지만 준비한 지 약 6개월 만에 당당히 현대 홈쇼핑에 합격한 K군, 남들보다 앞선 K군에게 있는 특별함은 무엇일까?

"선생님, 뉴스 발성이 잘 되지 않아요. 좀더 노력해보겠습니다."
"선생님 시옷 발음이 잘 안 돼요. 하지만 연습하면 잘 할 수 있습니다."
"선생님, 다시 한번 해보겠습니다."

쉬는 시간에도 복도에 나와서 목을 풀고, 무한반복 연습하고 질문하는 성실한 연습벌레였다.

롯데 홈쇼핑의 H양도 마찬가지다. 스튜어디스 출신으로 쇼호스트 준비는 채 1년도 하지 않았는데 당당히 합격했다. 그녀는 긴 검정색 머리에 하얀 피부, 단아한 이미지로 말을 하면 당차고 자신감 넘치는 모습이었다.

"선생님, 재미있게 시험 보고 오겠습니다!"

롯데 홈쇼핑 시험 보는 날도 당당한 표정으로 말했다.

"선생님 저 떨어지면 어떡해요? 겁 나요."

대체로 이렇게 말하는 다른 친구들과 달리 H양은 여유롭고 확신에 찬 표정이었다. 시험이 끝날 때 오히려 내가 궁금해서 물을 정도였다.

"00야, 떨진 않았니?"
"아니요. 선생님, 연습보다 오히려 떨지 않고 왔어요. 재미있게 준비한 것 다 하고 왔습니다."

H양은 연습과정에서 오독도 많고 시행착오도 많았지만 항상 긍정적인 마인드였다.

"저는 어차피 될 거예요. 언젠가는 될 거니까요."

쇼호스트 지망생 가운데는 기존에 방송을 해봤던 아나운서 출신 리포터 출신인 친구들이 많다. 쇼호스트도 아나운서처럼 카메라 앞에서 생방송을 해야 하기에 여러 면에서 유리한 점이 있을 수 있다.

하지만 앞서 소개한 K군과 H양 두 사람은 모두 비방송인 출신이었다. K군은 회사원, H양은 스튜어디스 출신이었다. 특별한 스펙도 없다. 평범한 이 두 제자가 합격할 수 있었던 비결은 무엇일까?

'나는 반드시 멋진 쇼호스트가 될 거야.'

그렇다. 이 두 친구는 항상 자신에 차 있었다. 고객에게 좋은 상품을 소개하는 그 날을 꿈꾸며 한시도 딴 생각을 하지 않았다.

두 친구가 하는 말을 들어보면 자신들이 쇼호스트가 되리라는 확신이 있었다. 쇼호스트가 되야겠다는 꿈을 머릿속에 그리고, 그것을 말로 표현하는 것. 나는 이것이 두 친구의 성공비결의 하나라고 확신한다.

"나는 할 수 있어요."

말은 쉬운 것 같지만 아무나 쉽게 할 수 없다. 과연 한치의 의심도 없이 이 말을 할 수 있는가? 시험에서 몇 번 좌절을 경험했다면 더욱 어려운 말이다.

하지만 어쩔 것인가? 좌절은 누구나 한다. 좌절 뒤가 중요하다. 좌절 뒤에 실패하지 않는 법을 배웠다고 생각하고 다시 일어서느냐, 그대로 방황하다 포기를 하느냐는 것은 순전히 본인의 몫이다.

때로는 자신 있어서 자신 있다고 말하는 것이 아니라, 먼저 말로 뱉어

놓고 나면 자신감이 차오르는 것을 느낄 때가 있다.

성공의 반대말은 실패가 아니라 포기다. 실패는 성공으로 가는 디딤돌이다. 자신감을 갖고 싶다면 지금 당장 한치의 의심도 없이 자신 있는 말을 해보자.

"나는 할 수 있어요."

자신 있게 말하는 그 순간 내 안에 자신감이 가득 차는 것을 느낄 것이다.

메시지 Message

1. Social Speech

'Yes, But~' 화법으로 토론면접에서 빛나라

요즘 각 회사마다 좋은 인재를 구하기 위해 면접담당자들도 고민하고 있다. 그래서 여러 가지 면접 유형이 생기고 있다. 그 중에 한 번은 꼭 치러야 하는 것이 토론면접이다. 토론면접은 일정한 주제를 주고 그것에 대해 토론하는 모습을 보고, 지원자의 문제 판단력과 설득력, 표현력, 협동심, 인성 등을 종합적으로 판단하는 방식이다.

수험생 입장에서는 '토론하는 모습을 보고, 어떻게 저 많은 요소들을 종합적으로 판단한단 말인가?' 라는 생각이 들겠지만, 면접관 입장에서 는 토론면접만큼 수험생의 리더십, 협동심, 의사소통력 등을 종합적으로

등을 종합적으로 평가하기 쉬운 면접방법도 없다.

수험생들이 토론면접에서 가장 실수하기 쉬운 함정이 있는데, 이것만 잘 알고 극복하면 수험생들이 생각하는 것보다 토론면접은 쉽다.

토론 면접은 보통 특정주제를 주고 찬반의견을 주고받는 과정을 보고 평가한다. 이때, 주제에 대해 분석할 시간은 15분 내외로 비교적 짧은 편이라, 주어진 시간 안에 주제를 이해하고 논지를 어떻게 펼칠 것인지 잘 정리해야만 한다.

이때, 많은 지원자들이 실수하는 부분은, 나의 의견에만 집중하는 것이다. 예를 들어 "우리 회사가 부도 직전이라, 회사 사원들을 구조조정할 생각이다. 이에 찬성하는가, 반대하는가?"라는 주제가 있다. 어떻게 말해야 할까?

내가 구조조정을 찬성하는 입장이라고 해서 찬성하는 이유만 준비해서는 안 된다. 상대방이 어떻게 반박해 올 것인가에 대해서도 사전에 논리적인 근거를 떠올리며 준비해 둔다.

또한 상대의 이야기에 집중하지 않고, 내 이야기만 밀어붙이며 반박해서는 안 된다. 가끔 나와 다른 의견을 가진 상대팀의 의견을 경청하지 못하고, 흥분하면서 상대의 의견을 묵살하는 태도로 자신의 의견만을 내세우는 수험생들이 있다. 이런 과정을 지켜보는 면접관은, 자신의 의견을 논리적으로 제시하더라도 상대의 이야기를 경청하지 못하고 무시하는 태도와 발언에 마이너스 점수를 주기 마련이다. 회사에서 생활하면서 나와 다른 의견이 있더라도 이것을 어떻게 잘 조정하며 자신의 의견을 잘 표현하는지를 중요한 평가요소로 보기 때문이다.

따라서 상대방의 이야기를 끝까지 듣고 상대의 이야기 가운데 공감할 만한 부분을 인정하고, 나의 의견을 피력하는 것이 가장 좋은 방법이다.

이때 바로 3M 법칙-소셜스피치에서 배운 'Yes, But' 화법을 사용하는 것이다.

"당신의 의견이 그렇군요. 저도 일부 이런 부분은 인정하는 바입니다. 하지만 저는…"

이런 식으로 토론을 이끌어 나가면 다른 사람의 의견도 존중하면서 자신의 이야기도 잘 표현할 줄 아는 사람이라는 좋은 평가를 받을 수 있다. 조직생활은 나와 다른 생각과 의견을 가진 사람들 간의 조율과 조정의 일이 끊임없이 이어지기 때문에 꼭 필요한 능력이다.

잊지 말자. 'Yes, But~' 화법이 토론장에서 당신을 빛나게 한다는 것을.

토론 면접에서 꼭 알아야할 팁

1. 다른 사람의 의견을 경청하라!

상대편 이야기할 때, 나의 의견만 준비하는 것이 아니라 의견을 충분히 듣고 있다는 표시로 고개를 끄덕이며 경청하라. 상대가 의견을 제시할 때 청자의 태도를 통해 배려심과 협동심이 평가된다.

2. 나의 의견을 적극적으로 표현하라!

발언권이 왔을 때 적극적으로 이야기하여 열정적으로 참여하고 있다는 것을 보여줘라. 토론이 진행되는 동안 논의 사항을 재정리하고, 토론에 영향을 끼칠 만한 발언을 하자.

3. 충분한 사례와 근거로 논리를 완성시켜라!

감정으로 어필하는 것이 아닌, 충분한 논리로 상대를 설득시켜라. 토론 주제에서 벗어나지 않도록 주의하고, 의견을 말할 때 주장과 근거를 구분하여 제시하자.

2. Smart Speech

면접관이 원하는 것을 대답하라

한국전력공사에 취업을 준비하는 수험생을 코치할 때의 이야기다. 대부분 면접을 준비할 때 가장 어려워하는 관문인 자기소개부터 시작했다. 면접에 대한 부담을 줄이려면 자신있게 자기를 소개하는 것부터 익혀야 한다고 생각했기 때문이다.

수험생들이 자기소개를 어려워하는 이유는 크게 두 가지가 있다. 하나는 남과 차별되게 소개하고 싶지만 특별한 경험이 없기 때문이고, 또 하나는 이와 반대로 경험이 너무 많기 때문이다.

"저는 평범하게 살았어요."
"저는 내세울 만한 특별한 경험이나 스펙이 부족해요"

특별한 경험이 없는 친구들은 이렇게 말한다. 면접관의 관심을 끌 만한 경험이 없어서 고민이라는 것이다.

여기서 수험생들이 많이 잘못 생각하는 부분이 있다. 회사에서는 수험생의 특별한 이야깃거리를 듣고 싶어하지 않는다. 특별한 경험보다 먼저 수험생이 겪은 경험들이 우리 회사 직무를 하는데 어떻게 도움이 될 것인지가 궁금한 것이다.

간혹 남들이 전혀 경험하지 못한 새로운 경험과 소재로 귀를 솔깃하게 만드는 지원자가 있긴 하지만 대부분 지원자는 비슷비슷하다. 대학생활 중 동아리 활동이나 봉사활동, 여행, 어학연수 등 지원자들의 자기소개는 거의 다 유사한 내용으로 채워져 있다.

따라서 굳이 남과 비교해서 특별한 경험이 없다고 위축될 필요가 없다. 특별한 스토리가 없다고 고민할 것이 아니라, 내가 경험했던 이야기 가운데, 그 경험을 통해 내가 배우고 느낀 점, 그 경험을 통해 얻게 된 능력이나 역량을 어필하는 것이 중요하다.
면접관이 듣고 싶은 것은 바로 이 부분이다!

앞서 '3M 법칙-스마트 스피치에서 청중이 원하는 것을 먼저 파악하라!'를 기억하는가. 면접에서 면접관이 무엇을 원하는지, 지피지기면 백전백승! 정확히 알고 말할 때 더욱 빛날 수 있다.
중요한 것은 자신의 경험 중에 지원한 회사에 맞는 경험을 부각시키는 노력을 기울여야 한다는 것을 잊지 말자.

취업면접에서, "학교생활을 하면서 가장 주력한 점이 무엇인가?", 또는 승진시험에서 "업무를 하면서 가장 주력했던 일이 무엇인가?"라고 질문을 받았다고 가정해 보자.

이럴 때는 내가 겪은 경험 가운데 한 가지를 구체적으로 언급해보자. 학창시절에 여행을 떠나본 경험이 있다면, "저는 여행을 좋아해서 국내여행을 주로 다녔습니다." 이런 식의 단답형으로 이야기하는 것보다, 한

가지 사례를 구체적으로 디테일하게 이야기해보자.

예를 들어 경주에 갔다면, 경주에서 가장 인상 깊었던 장면이나 작품 등을 자세하게 언급하는 것이다. 그러면서 여행을 통해 무엇을 깨달았는지 구체적으로 언급하고, 그 경험이 지원한 회사에서 일하는데 어떻게 도움이 될 것인지 자신의 역량과 연결하여 마무리 하는 것이 좋다.

ON AIR

취업 면접을 준비하는 자세

1. 자기소개를 손대면 툭 하고 터질 듯 달달달 암기하라.

2. 시험장에서 기계처럼 암기하는 것이 아니라, 면접관과 대화한다고 생각하고 이야기하라.

3. 예상 질문 리스트는 입사서류의 이력서와 자기소개서를 바탕으로 준비한다.

4. 회사에 들어가고 싶은 이유와 특별한 계기, 포부는 가장 기본이다. 나만의 스토리를 만들어라.

5. 면접관과 소통하기 위한 눈빛과 제스처 연습을 충분히 하고 가라.

3. Special Speech

진정성으로 승부하라

"선생님, 제 리딩에서 부족한 부분이 어떤 부분일까요?"

아나운서를 준비하는 P양은 수업이 끝나고도 여러 가지 질문을 던지는 열정적인 친구였다. 매 수업마다 최선을 다하는 모습이었고, 늘 공손하고 예의바른 모습에 의지가 불타는 모범생이라 눈에 띄는 친구였다.

그리고 얼마 후 모 방송국에서 아나운서 공채과정을 생방송으로 방영한다는 소식이 들렸다. 아나운서를 준비하는 친구들은 대부분 지원을 했다. P양도 마찬가지다.

P양도 아나운서 준비한 지는 얼마 안 됐지만, 한 단계 한 단계 열심히 준비하여 3차 테스트까지 올라갔다. 3차 테스트는 '어떤 사물에 빗대 나를 표현하라'는 미션이 주어졌다. 사진 한 장을 준비해서 자신을 표현하라는 것, 자기소개와 같은 것이다.

P양은 영어도 유창하게 잘 하고, 다양한 교내외 활동에 내세울 것들이 많았지만 자신이 왜 아나운서에 적합한지, 어떤 아나운서가 되고자 하는지를 진솔하게 자신의 이야기로 풀어내는 것을 선택했다.

"제 어머니는 사고로 양쪽 고막을 잃으셨습니다. 그래서 저는 어려
서부터 크고 또박또박 말하는 습관이 생겼습니다. 어머니의 소통의
창에서 이제는 국민의 소통의 창이 되겠습니다."

감정에 호소하기보다는 담담하고 평이하게 자신의 이야기를 펼쳤다.
P양의 완승이었다. 7명의 면접관이 몰표를 줬다. 화려한 외모와 센스 있
고 조리 있는 말솜씨를 가진 상대가 이길 것이라는 예상은 깨졌다. 어미
처리가 깔끔하지 못하다는 지적을 받고 조금 떨리는 목소리로 말했지만,
P양이 면접관의 마음을 모두 가져올 수 있었던 것은 진정성이었다. 시
종일관 침착함을 잃지 않으며, 진솔한 이야기로 심사위원을 감동시킨 것
이다. 방송이 끝나고 P양의 자기소개에 감동을 받은 네티즌들이 끊임없
는 격려를 보냈다.

이 장면은 지금도 자신의 이야기에 진심을 담아 이야기한 스토리텔링
의 힘을 발휘한 대표적인 사례로 남아 있다.

세상에서 단 한 명밖에 경험하지 않은 내 이야기

"선생님, 다른 친구들 앞에서 제가 준비한 자기소개를 발표했는데,
제 것을 다른 친구들이 따라하면 어떻게 해요? 개인적으로 저만 따
로 봐주시면 안 돼요?"

취업준비생 A양이 다가와 귀엣말을 했다. 이전 시간에 자기소개에 대

한 이론준비를 마치고, 집에서 과제를 해오도록 했는데, 자신의 자기소개를 남들 앞에 발표하기를 꺼려했다.

"A양, 정말 열심히 준비를 해왔나 보네요. 오랜 시간 열심히 준비한 자기소개인데, 다른 누군가가 그대로 따라할까 걱정이군요."
"네, 선생님. 어제 하루 종일 이것만 하느라 아무것도 못하고 고치고 또 고쳐서 10시간 넘게 준비했어요. 제 평생 이렇게 자기소개를 써 본 건 처음입니다."

내용을 훑어보니 여행 가서 겪은 스토리를 중심으로 잘 썼다.

"내 생각엔 큰 걱정은 안 해도 될 것 같아요. A양의 스토리는 세상에 A양 한 명밖에 경험하지 않은 이야기입니다. A양만큼 잘 전달할 사람은 아무도 없어요. 걱정하지 마세요."

친구가 내 스토리를 따라한다고 해도 걱정할 필요가 없다. 어차피 자기소개는 스피치로 해야 한다. 아무리 좋은 이야기라도 직접 경험한 사람처럼 전달력을 가질 수는 없다. 똑같은 이야기라도 A양의 이야기는 뇌 속에서 그 상황을 떠올리며 기억해내기 때문에 그만큼 설득력을 가진다.

스피치란 그런 것이다. 말만 잘 한다고 되는 것이 아니라 그것을 현실감 있게 전달할 수 있어야 한다. 그렇기 때문에 자신의 이야기를 진실하게 전달하는 마음을 가져야 한다. 그리고 머릿속에 생생하게 그림을 그리듯이 떠올리며 좋은 발성과 억양으로 전달하도록 노력해보자.

4. Simple Speech

FEO 말의 틀을 만들어라

말할 때 불필요한 말은 최대한 빼고, 조리 있게 구사하기 위해서는, 말하는 형식, 즉 틀을 잘 만드는 것이 매우 중요하다. 집을 짓기 전에 설계도를 그려야, 원하는 방향으로 정확하게 지을 수 있듯이 말의 뼈대라고 할 수 있는 설계도를 그리는 것이다.

특히 입학이나 취업 또는 승진면접에서처럼 즉흥적으로 말을 해야 할 때, 유용하게 이야기를 풀어나갈 수 있다.

"살면서 가장 큰 도전은 무엇이었나요?"
"어떤 아르바이트를 하였나요?"

이런 질문을 받는다면? 이럴 때는 당황하지 말고, 차분히 내가 겪은 상황을 이야기할 수 있어야 한다. 그리고 상대에게 꼭 필요한 정보를 중심으로 말할 수 있어야 한다.

이때 필요한 것이 FEO 틀을 만들어 효과적으로 말하는 기법이다.

FEO는 사실(Fact) 예시(example) 견해(opinion) 의 약자로, 이 틀에 맞춰 이야기를 하면 꼭 필요한 정보를 실감나게 전달할 수 있다.

생각의 틀 FEO

사실 : Fact
예시 : Example
견해, 생각 : Opinion

먼저 있는 사실 그대로를 이야기하려고 하되, 상대가 내 이야기를 잘 이해할 수 있도록 적절한 사례를 뒷받침해주면 도움이 된다. 그리고 나의 생각과 견해를 이야기하는 패턴으로 이어가면 된다.

사실-예시-생각 공식을 잘 활용하고 있는 사례를 들어보자. 서비스직에 지원한 A군의 이야기다.

"저는 서비스직에 취직하기 위해 방학기간을 활용해 제과점에 지원했습니다. 그곳에서 제가 하는 일은, 아침 업무였는데요, 새벽 6시에 문을 열고, 본사에서 들어오는 빵을 진열하고, 손님 맞을 준비를 하고, 직접 손님에게 판매하는 일이었습니다. 이때, 새벽잠이 많았

지만 단 한 번의 지각없이 방학 동안 성실히 임하였고, 손님들을 항상 웃음으로 맞았습니다. (Fact)

한번은, 손님에게 '어서오세요. 지난 번 오셔서 아메리카노 투샷으로 시키신 분 맞죠? 오늘도 투샷으로 넣어드릴까요? 오늘도 이 커피 마시고 하루 기분 좋게 시작하세요!' 이런 식으로 손님을 알아봐 드리고 밝게 웃으며 인사를 했더니, 손님들이 매우 감동하셨습니다." (손님들을 항상 웃음으로 마주한 Example, Episode)

그 결과로 저는 아침 일찍 일어나는 습관이 생겼고, 서비스직에서 웃는 얼굴이 얼마나 소중한지 깨달았습니다. 이 회사에 들어와서도 더욱 밝은 미소로 고객에게 햇살 같은 존재가 될 수 있도록 최선을 다하겠습니다. (Opinion)

여기서 중요한 것은, 자신이 지원한 서비스직에서 필요로 하는 역량이 무엇인지 파악하고, 자신이 바로 서비스직에 필요한 역량을 소유한 적임자라는 것을 보여줄 수 있어야 한다. 근면함과 성실함도 중요하지만, 그것은 어디까지나 서비스 직종에 필요한 역량을 갖췄다는 것을 보여주는 에피소드로 활용해서, 그렇기 때문에 이 회사에서 자신을 선택해야 적임자를 뽑는 것이라고 생각하게 만들어야 한다. 회사에서 필요로 하는 능력을 갖춘 자신을 뽑아야 하는 이유를 각인시켜주는 것이다.

주제가 있는 말을 하라!

때로는 지나치게 많은 내용으로 어필하거나 표현이 과해 설득력이 떨어지는 경우가 많다. 면접에서 자기소개에 쓸 말이 없어서 발을 동동 구르는 친구들과 달리 쓸 내용이 너무 많아서 실수를 범하는 지원자들이 의외로 많다.

"저는 아르바이트 경험이 정말 다양해요. 서빙, 과외, 판매 등등 안 해본 게 없어요."

"저는 어렸을 때부터 미술, 음악 등 수상경력이 많아요, 한 가지 특별히 잘 한 것은 없지만 다양한 일을 해봤고 상도 많이 탔어요. 이 중에 뭘 써야 하죠?"

A라는 스토리를 쓰자니 B라는 스토리가 아깝고, B라는 스토리를 쓰다 보니 C라는 스토리도 쓰고 싶은 유혹을 떨칠 수 없다. 그러다 결국 너무 많은 내용을 나열하는 실수를 범한다.

대부분의 면접에서 자기소개는 1분 안팎으로 짧다는 것을 명심하자. 짧은 시간 안에 너무 많은 것을 말하면 무엇을 말했는지 확실하게 기억에 남기기 어렵다. 한 가지를 말하더라도 각인할 수 있도록 말하는 것이 중요하다. 이것이 바로 '주제가 있는 말하기'다.

주제가 있는 말을 하려면 먼저 다음과 같은 과정을 거쳐야 한다.

첫째, 그동안 경험했던 소재를 모두 나열한다.
둘째, 지원하는 회사와 직무의 특성을 고려해서 선별한다.
셋째, 나의 경험과 지원하는 회사의 특성에 맞는 공통분모를 찾는다.
넷째, 나의 경험과 회사의 특성을 잘 연결시키는 하나의 주제를 만든다.
다섯째, 주제와 연관된 소재만 남겨두고 나머지 소재는 과감히 버린다.

그리고 이 중에 중간 교집합에 해당하는 경험을 살려 회사에서 원하는 역량에 맞춰 강하게 어필하는 스토리를 만들면 효과적으로 주제가 있는 말을 할 수 있다.

내가 경험하여 얻은 역량 / 내가 경험했고 회사도 원하는 역량 / 회사가 원하는 역량

말 을 잘 하 는 법

메신저 Messenger

1. Voice

면접장에서 잘 들리는 목소리

면접장에서 잘 들리는 목소리가 있고, 잘 안 들리는 목소리가 있다. 똑같은 말을 해도, 누군가의 소리는 면접관의 귀에 쏙쏙 박히고, 누군가의 소리는 면접관의 귓가에 도달조차 하지 못한다.

먼저 잘 안 들리는 말은 무엇인지 살펴보자. 안 들리는 말은 다음과 같은 특징이 있다.

첫째, 웅얼거리는 목소리로 하는 말이다.

면접관과의 거리가 가까운 데도 불구하고, 무엇이라고 말하는지 잘 알아듣지 못할 정도로 작은 목소리로 속삭이는 경우가 있다. 이럴 때 아무리 좋은 콘텐츠로 자기소개를 준비했더라도 상대에게 잘 들리지 않으니 효과를 보기란 어렵다.

둘째, 강조가 없는 목소리다. 무미건조하게 일정한 톤으로 자기소개를 하거나 질의응답을 하면 같은 말이어도 면접관의 집중을 끌어낼 수가 없다. 지루하고 피곤하게 느껴질 뿐이다.

이에 반해 잘 들리는 말은 어떤 것이 있는가? 쉽게 생각해서 안 들리는 말을 반대로 생각해 보면 된다.

첫째, 면접관이 잘 알아들을 수 있도록 큰 소리로 또박또박 말한다.

3M 법칙-메신저-보이스 편에서 '목소리의 힘, 발성편'을 기억해보자. 큰 목소리를 가지려면 평소에 충분한 호흡을 들이마시는 복식호흡 연습을 해야 한다. 평소에 복식호흡이 습관화되지 않으면 면접장에서는 긴장을 해서 신경 쓸 겨를이 없다.

당장 면접관 앞에서 암기한 자기소개를 까먹지 않고 잘 말해야 될 텐데, 이런 걱정만 앞서는 경우가 많다. 이럴 때는 급한 대로 최대한 입을 크게 벌리면서 이야기하는 것이 가장 좋은 미봉책이다.

소리가 작고 웅얼거린다는 지적을 받는 사람들의 99%는 입을 크게 벌리지 않는다. 입만 크게 벌려도 입안의 공간이 넓어지면서 울리는 현상이 발생하여 평소보다 약 20% 이상 큰 소리를 낼 수 있다. 미리미리 호흡과 발성연습을 꾸준히 해야 하지만, 미처 연습을 못했는데 면접을 봐야 한다면 그때는 급한 대로 입만 크게 벌리는 것만으로도 큰 효과를 얻을 수 있다.

둘째, 강조가 있는 말이다. 잘 들리는 말을 하려면 중요한 핵심 키워드에 힘을 줘야 한다. 물론 앞에서 3M 법칙-보이스-강조 편에서 알려준 '포즈와 속도 조절', 이런 것을 모두 연습하는 것이 좋다. 하지만 여유가 없다면 중요한 키워드에 힘을 주겠다는 의지만으로도 큰 효과를 볼 수 있다.

2. Image

표현의 기술을 활용하라

"교수님, 일 년 반 동안 취업서류까지는 통과하지만 면접에서 다 떨어진 기억이 있어 면접이라면 손부터 떨리고 가슴이 쿵쾅쿵쾅 합니다. 그동안 수십 개의 이력서를 넣고 여러 번 면접을 치렀는데 다 떨어졌거든요. 이젠 서류를 넣기 전부터 면접에 떨어질까 봐 걱정부터 들고 두렵기까지 해요."

"학교 공부는 자신이 있는데, 면접은 어떻게 해야 할지 감이 안 잡혀요. 일 년 넘게 취업준비만 하고 있어 부모님께 죄송하고 눈치만 보입니다. 이번이 정말 마지막이었으면 좋겠습니다. 교수님, 저 어떻게 하면 좋을까요?"

S기업에 면접을 앞둔 취업준비생의 이야기다. 이 친구는 지식도 풍부하고, 성격도 무던한데 오랜 외국생활로 한국말이 약간 서툴고, 우리말

의 끝말을 흐리는 습관이 있었다. 또한 시력이 나빠서 초점 없이 쳐다보는 듯한 느낌을 주었다. 오죽하면 이런 사정을 몰랐던 나는 처음에 이 친구와 이야기를 하다 '이 친구가 딴생각을 하나?' 라는 생각을 많이 했었다.

아무리 내면이 열정으로 가득 해도 그것을 얼굴과 눈빛, 그리고 태도로 드러내지 못하면 면접관은 알 길이 없다.

따라서 짧은 시간에 자신을 소개하고, 자신의 능력을 드러내야 하는 면접에서는 전략적인 말하기를 연습해야 한다.

"L군은 따뜻한 마음과 폭넓은 지식이 있으니 반드시 비언어적인 요소로 잘 표현하는 연습만 하면 합격할 거야."

나는 이 학생의 장점을 살려 부족한 부분을 채우기 위해 첫날은 자신감 있는 모습을 드러내는 연습을 시켰다. 먼저 허리와 어깨를 펴고, 반듯하게 걸어와 의자에 바르게 앉는 자세부터 연습을 시켰다.

"우리 뇌는, 초두효과라는 것이 작용해서 첫만남에서 좋은 인상을 남기는 것이 중요해요. 면접장소에 입장하는 그 순간부터 반듯하고 자신 있는 모습으로 걸어 봅시다."

그리고 고개를 약간 올리는 버릇과 턱을 올리는 습관이 있다 보니, 눈동자도 위에서 아래로 내려다 보는 느낌이라 의도하지 않게 거만해 보였다. 본인이 턱을 올린다는 습관을 몰랐기에 처음에는 힘들어 했다.

"L군은 턱을 당기는 것이 너무 부자연스러워요."

차츰 고개를 몸쪽으로 당기는 습관을 갖기 시작하면서 교정할 수 있었다. 시력이 나빠서 미간을 찌푸리거나 눈동자의 초점이 흐릿한 표정으로 듣는 습관은 동그랗고 반짝이는 눈빛으로 정확히 초점을 두고 사람을 쳐다보는 연습으로 고쳐나갔다.

드디어 한 달 간의 훈련을 마치고 합숙평가를 보고 최종 합격 연락이 오기만을 손꼽아 기다렸다.

"선생님 드디어 1년 반 열다섯 번째 만에 원하던 곳에 합격했습니다!!"

그렇다. 합격할 수 있는 충분한 자질이 있었지만 그동안 말하는 자세와 태도 눈빛과 같은 3M 법칙-메신저-이미지를 잘 활용하지 못했던 것이 큰 이유였다. 정말 좋아하는 모습에서 다시 한번 스피치 교육의 보람을 느꼈다.

면접 필수 이미지 메이킹

1. 면접가기 전, 복장과 헤어스타일 점검하기!

　남자와 여자 모두 단정하고 깔끔한 머리스타일을 선호한다. 여자의 경우 머리가 길 경우, 깔끔하게 묶는 것이 좋다. 남자와 여자 모두 헤어 제품을 사용해서 머리를 손질한다. 복장은 남자는 검정이나 짙은 네이비색 정장에 흰색 셔츠와 넥타이를, 여자는 깔끔한 블라우스에 에이치라인 치마나, 위아래 검정 또는 짙은 회색, 베이지 계열 등으로 한 벌이라는 느낌이 나는 깔끔한 정장을 입는 것이 좋다.

2. 면접장에 들어가는 자세

　면접장에 들어설 때부터 자신감 있는 자세가 중요하다. 첫인상이 중요하기 때문이다. 허리와 어깨를 펴고 보폭을 너무 넓거나 좁지 않게 당당히 걸어 들어간다.

3. 면접장에서 인사하는 자세

　면접장에 들어가서 인사할 때는 보통 남자의 경우는 달걀을 쥔 듯한 손으로 반듯하게 서 있다가 허리를 45도 굽혀 인사한다.

　여자의 경우는 공수법을 한다. 공수법이란 오른손이 왼손 위로 올라오게 포개는 것이다. 배 위의 왼손을 안 쪽으로 하고 오른손이 그 위로 겹치게 한 자세에서 남자처럼 45도 각도로 허리를 굽혀 인사한다.

부록

스피치 3M 법칙 실전 연습편

스피치 3M 법칙 실전 연습편

스피치는 수학공식처럼 한 번 이해하고 풀었다고 완성되는 성질의 것이 아니다. 나도 말을 잘 할 수 있다는 마인드를 가지고 생활 속에서 조금씩 말하는 습관을 바꿔보는 것이 가장 효율적이다.

〈스피치 3M 법칙 실전 연습편〉에서는 앞에서 배운 3M 법칙의 공식을 현실에 구체적으로 적용하는 방법을 실습해보고자 한다. 그런 의미에서 다시 한번 '선샤인 스피치'의 3M 법칙을 되새겨 보자.

선샤인 스피치 & 3M 법칙 복습판

1. 선샤인 스피치란?
: 햇살처럼 아우라가 있는 나만의 스피치다

2. 3M 법칙은 선샤인 스피치의 핵심공식

1) Mind(마인드) = SOS
(1) Self-portrait : 자화상
(2) Open mind : 오픈 마인드
(3) Self-confidence : 자신감

2) Message(메시지) = S4
(1) Social : 사회적인
(2) Smart : 똑똑한
(3) Special : 특별한
(4) Simple : 단순한

3) Messenger(메신저) = VIP
(1) Voice : 목소리
(2) Image : 이미지
(3) Position : 지위

"무엇을 가장 두려워하는가?"

1974년 토론토 대학에서 설문조사를 했다고 한다. 여러분은 무엇을 가장 두려워하는가? 다음 설문 중에서 하나를 골라보자.

1) 대중 앞에서의 연설   2) 고소공포증
3) 해충 또는 벌레   4) 경제적 빈곤
5) 깊은 물   6) 질병
7) 죽음   8) 비행
9) 외로움   10) 무서운 개

어느 정도 눈치를 챈 사람은 알 것이다. 토론토대학에서 설문조사를 했을 때 사람들이 두려워하는 순위라고 한다.

물론 1974년의 연구보고서라 지금과는 좀 다를 수도 있겠지만, 대중 앞에서의 연설은 나뿐만 아니라 세상의 수많은 사람들이 두려워하는 일 중에 하나다. 그만큼 대중 앞에 선다는 것은 긴장할 수밖에 없는 일이다.

우리가 아는 말 잘 하는 사람들도 타고 날 때부터 긴장하지 않는 사람은 없다. 그들도 대중 앞에 설 때는 두려움과 긴장감을 갖고 있다. 중요한 것은 두려움과 긴장감에 눌려 포기하는 것이 아니라 그것을 극복하기 위해 부단히 노력하는 것이다.

평창동계올림픽 유치 프레젠테이션을 성공적으로 선보인 피겨 여왕 김연아의 능숙한 스피치 뒤에는 500번 가량의 연습이 있었다는 사실을 기억하자.

프레젠테이션의 귀재로 불리는 애플 사의 창업자 스티브 잡스도 무대에 서기 전에 최소한 300시간 이상을 연습했다는 사실을 명심하자.

무대공포증은 누구에게나 있다. 따라서 말을 잘 하기 위해서는 무대공포증을 이겨내기 위해 부단히 노력하고, 굴복하려는 마음을 잘 컨트롤해 나가는 것이 중요하다.

그렇다면 어떻게 컨트롤을 해 나가야 할까?

무엇보다 먼저 3M 법칙을 기억하자. 마인드, 메시지, 메신저를 항상 염두에 두자. 그러다 보면 자신도 모르게 무대에 대한 두려움과 긴장감을 즐기는 모습을 보게 될 것이다. 물론 무대에 자꾸 서보면서, 절차탁마(切磋琢磨) 자세로 끊임없이 노력해 나가는 것이 중요하다.

이제 여러분은 3M 법칙으로 말 잘 하는 공식과 이론을 충분히 익혔다. 이제는 그 공식과 이론을 실습으로 옮겨 체화시키는 과정이 필요하다.

이제부터 3M 법칙을 자연스럽게 익히기 위한 과정을 단계적으로 밟아보자.

스피치 3M 마인드 자가진단 체크표

목적 : 다음은, 말하기에 부담을 주는 마음의 요소들이다.

　　　현재 자신의 스피치 마인드를 점검해 볼 수 있다.

방법 : 자신에게 근접하게 해당하는 부분에 체크해 보자.

점검	질문 내용	체크
자화상	말할 때 주변사람들이 나를 어떻게 평가할지 많이 의식한다.	
	말하기 전에, 내가 말을 잘 못하면 어떻게 할지 걱정부터 든다.	
	예전에 말을 못한 경험이 한 번씩 머릿속에 떠오른다.	
오픈마인드	나는 내 의견부터 말하는 편이다.	
	나와 다른 의견은 경청하기가 어렵다.	
	주변에 적이 많다.	
	대화가 안 통할 때 침묵해 버린다.	
자신감	자신있게 내 의견을 말하는 것은 매우 어려운 일이다.	
	여러 사람들 앞에 서는 것이 두렵다.	
	때로는, 말을 어떻게 해야 할지 몰라서 머리가 까매지곤 한다.	
	합계	**총계**

(체크된 부분이 많을수록 스피치 연습을 열심히 하자!)

하루 10분 마인드 트레이닝 체크표 – SOS

목적 : 스피치에 필요한 마인드 3가지 SOS(자화상, 열린마음, 자신감)을 점검하는 표다. 내게 필요한 스피치 마인드 보완점과 개선된 점을 한눈에 파악하기에 효과적이다.

방법 : 오늘 하루(또는 일주일) 자신 또는 타인과의 소통한 부분을 돌아보며 상세하게 적어본다.

점검 내용	내용 적기
자신에 대해 알고 인정한 부분은? (나와 소통한 부분)	
상대와 소통하려고 노력한 점은? (상대와 소통한 부분)	
상대와 다른 점을 인정한 부분은? (소통영역 확장)	
내가 분명하게 의사를 밝힌 부분은? 성공한 스피치였다면 그 이유는? 실패했다면 그 이유는? (의사표현력 확장)	
오늘 하루 나에게 칭찬할 만한 말은? (긍정의 자화상과 자신감)	

하루 10분 마인드 트레이닝 체크표 – **Open Mind**

방법 : 오늘 있었던 일 가운데, 가장 기억에 남았던 대화를 떠올려본다.

체크 포인트	체크
상대 이야기 경청하였는가	
상대 이야기에 말로 호응해 주었는가 (소리를 내서 아, 그렇구나…)	
감정까지 공유해 주었는가	
비언어적 부분으로 호응해주었는가 (상대와의 거리, 눈맞춤, 고개 끄덕임, 불필요한 동작 체크)	

하루 10분 메시지 트레이닝 체크표 – **Social Speech**

무리한 부탁을 해왔다고 가정해 보자. 거절해 보시오.

무리한 부탁 적기

....

....

....

거절 적기

....

....

....

★ Self 점검 포인트

1. 무리한 부탁을 한 상대의 이야기를 끝까지 들었는지 확인해 보기!

2. 상대 이야기가 끝나기 전까지 어떤 행동이나 말을 취하는지 돌아보기!

3. 처음에 시작하는 말은 상대의견을 존중하는 말로 시작했는지 살펴보기!

4. 자신이 생각을 확실하게 표현하였는지, 그 내용을 다시 적어보고 확인 해보자.

하루 10분 메시지 트레이닝 체크표 – Smart Speech

목적 : 다양한 주제를 가지고 즉흥적으로 말하는 연습을 한다. 이 때 머릿속에서 흘러나오는 대로 두서없이 이야기하는 것이 아니라, 짜임새 있게 말하도록 연습해본다. OBC기법 순서대로 말하는 연습을 통해 스피치 체력을 키워보자.

방법 : 다양한 주제를 가지고 (예시: 봄, 꿈, 크리스마스 등등) 3단 구성으로 말의 틀을 구상하고 말해보자. 처음에는 아래 순서에 맞게 빠르게 적고 이야기한다. 어느 정도 숙달이 되면 쓰지 않고 바로 말하는 연습을 해보자.

Opening 핵심주제 정하기	
Believe 예시/에피소드 떠올리기	
Closing 의견/요약하기	

하루 10분 보이스 트레이닝 훈련법 – **복식 호흡편**

목적 : 깊은 호흡을 통해, 떨지 않고 안정감 있는 목소리를 갖기 위한 것이다. 꾸준히 연습하면 머리도 맑아지고 건강에 도움이 된다.

연습방법 :

1. 양 발 어깨 너비로 편하게 선다.
2. 입은 다문 상태에서 코로 숨을 들이마신다.
3. 숨을 들이 마시면서 배가 부풀어 오름을 느낀다.
4. 최대한 숨을 들이마신 상태에서 3-4초 숨을 참는다.
5. 천천히 입으로 "후~" 하고 내뱉어 본다.

★ Self 점검 포인트

1. 숨을 뱃속까지 충분하게 들이마시도록 신경쓰기!
2. 들이마신 숨을 내뱉기 전에 꼭 멈추어 숨을 참기!
3. 내뱉는 숨을 천천히 일정하게 잘 내뱉기!

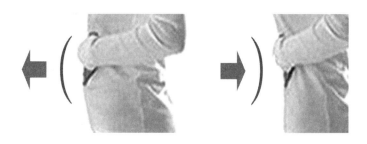

하루 10분 보이스 트레이닝 훈련법 - **파워 발성편**

목적 : 힘없고 작은 목소리, 여린 목소리를 가진 사람들에게 도움이 되는 연습법이다. 목 안쪽 근육의 힘을 기르고, 목의 통로를 개방하는 효과가 있어, 평소보다 자신 있는 큰 소리를 만들 수 있다.

방법 : 거울을 보며 자신의 입 안 목구멍이 보이는지 확인한다. 목에 힘이 너무 들어가지 않도록 주의한다.

입을 벌린 그 상태에서 천천히 힘을 주지 않고
"아~~~~" 하고 소리를 내어 본다.
"아~~~~" 소리를 내는 것이 편해지면, 뱃심을 이용하여 조금 더 크고 힘 있게 소리를
"아~~~" 하고 뱉어본다.

★ Self 점검 포인트

1. 소리를 밖으로 내뱉을 때, 뱃심을 이용하여 소리를 내보내도록 노력하기!

2. 아~~~ 소리를 낼 때, 목에 힘을 너무 주지 않도록 하기!

3. 소리의 볼륨이 커졌는지 귀로 확인하기!

하루 10분 보이스 트레이닝 훈련법 – **모음 발음편**

목적 : 사람마다 고유의 음색과 발음을 만들어 내는 곳이 조음기관이다. 조음기관을 발달시키는 가장 기초적인 방법은 정확하게 모음을 내보는 연습이다.

방법 : 주요 모음과 자음을 한 글자씩 천천히 또박또박 읽으며 나의 입모양과 혀의 위치를 느껴본다.

ㅏ : 아래 턱 내리고 입을 크고 둥글게 벌린다. 양옆보다는 위아래로 살짝 더 벌린다는 느낌, 계란형으로 벌린다.

ㅔ : ㅏ보다 양옆으로 조금 더 벌어진다. 혀가 이 사이로 나오지 않도록 주의한다.

ㅣ : 입술을 양옆으로 잡아당기는 느낌으로 소리낸다. 목의 통로가 닫히지 않도록 주의한다.

ㅗ : 작은 동그라미 만들 듯이 입술을 동그랗게 만들고 앞으로 살짝 내민다. 입술에 힘이 너무 들어가지 않도록 한다.

ㅜ : ㅗ보다 약간 더 입술을 앞으로 내밀며 둥글게 만든다.

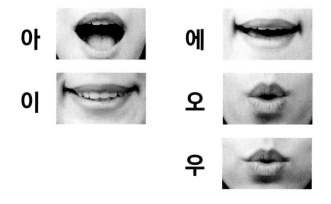

아　　**에**

이　　**오**

　　　우

하루 10분 보이스 트레이닝 훈련법 – **자음 발음편**

목적 : 받침 발음이 안 되면, 전체적으로 혀 짧은 소리가 난다. 따라서 주요 자음 받침 발음을 익혀보자. 정확하게 끝까지 받침 음가를 내려는 연습을 해야 발음이 정확해 진다.

방법 : 아래 설명을 읽고 하나씩 따라 읽어본다. 끝까지 읽는 것이 중요한 것이 아니라 하나씩 정확하게 음가를 내는 연습을 통해 혀에 습관이 들여지도록 하는 것이 중요하다.

각 낙 닥 락 막 박 삭 악 작 착 칵 탁 팍 학
간 난 단 란 만 반 산 안 잔 찬 칸 탄 판 한
갈 날 달 랄 말 발 살 알 잘 찰 칼 탈 팔 할
감 남 담 람 맘 밤 삼 암 잠 참 캄 탐 팜 함
강 낭 당 랑 망 방 상 앙 장 창 캉 탕 팡 항

참고 자음 발음표

ㄱ – 기역[기역]   ㄴ – 니은[니은]   ㄷ –– 디귿[디귿]

ㄹ – 리을[리을]   ㅁ – 미음[미음]   ㅂ –– 비읍[비읍]

ㅅ – 시옷[시옫]   ㅇ – 이응[이응]   ㅈ –– 지읒[지읃]

ㅊ – 치읓[치읃]   ㅋ – 키읔[키윽]   ㅌ –– 티읕[티읃]

ㅍ – 피읖[피읍]   ㅎ –– 히읗[히읃]

ㅁㅂㅃㅍ	두 입술을 붙였다가 떼는 소리
ㄴㄷㄸㅌㄹ	혀 끝이 윗 잇몸에 닿았다가 떨어지는 소리
ㅈㅉㅊ	경구개에 혓바닥이 살짝 닿았다가 떨어지는 소리
ㄱㅋㄲ	혀의 뒷부분을 들어 입천장 뒷부분인 연구개를 막는 소리
ㅎ	목구멍에서 소리 나는 소리

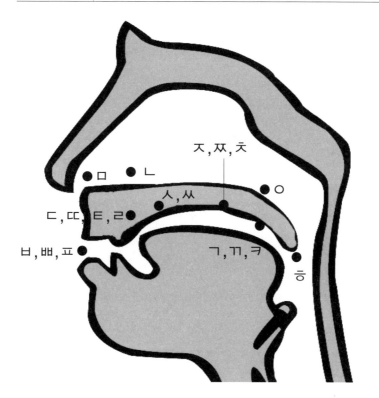

하루 10분 보이스 트레이닝 훈련법 - 어려운 발음편

목적 : 긴장하면 입 주변 근육도 경직되는 경우가 있다. 가수들도 노래를 하기 전에 입을 풀 듯, 입 주변 근육을 풀어주고 조음기관이 원활하게 움직일 수 있도록 연습한다. 어려운 발음을 재밌게 연습하는 좋은 발음 훈련법이다.

방법 : 입을 크게 벌려가며 한 음절씩 또박또박 읽는다. 다시 한번 읽을 때에는 조금 더 빠르게 읽어본다.

1. 간장 공장 공장장은 간공장장이고, 공장 공장 공장장은 공공장장이다.

2. 내가 그린 기린 그림은 긴 기린 그림이고 니가 그린 기린 그림은 안 긴 기린 그림이다

3. 들의 콩깍지는 깐 콩깍지인가 안 깐 콩깍지인가. 깐 콩깍지면 어떻고 안 깐 콩깍지면 어떠냐. 깐 콩까지나 안 깐 콩깍지나 콩깍지는 다 콩깍지인데

4. 경찰청 철창살이 쇠 철창살이냐 철 철창살이냐

5. 서울특별시 특허허가과 허가과장 허과장

발성 발음 기본 연습표

한 음절씩 큰소리로 입을 크게 벌려가며 성의껏 읽는다.
책상 앞에 보기 좋은 곳에 복사해서 붙여놓고 연습해도 좋다.

가 갸 거 겨 고 교 구 규 그 기 게 개 괴 귀
나 냐 너 녀 노 뇨 누 뉴 느 니 네 내 뇌 뉘
다 댜 더 뎌 도 됴 두 듀 드 디 데 대 되 뒤
라 랴 러 려 로 료 루 류 르 리 레 래 뢔 뤼
마 먀 머 며 모 묘 무 뮤 므 미 메 매 뫠 뮈
바 뱌 버 벼 보 뵤 부 뷰 브 비 베 배 봬 뷔
사 샤 서 셔 소 쇼 수 슈 스 시 세 새 쇄 쉬

하루 10분 보이스 트레이닝 훈련법 - 강조편

목적 : 밋밋하고 성의가 없어 보이는 목소리 지적을 받는 사람들에게 효과적이다. 중요한 부분을 강조하는 가장 효과적인 방법은 중요한 부분에 악센트를 주거나, 속도를 천천히 하거나 한 박자 쉬는 것이다. 이 연습을 통해 한결 생동감 넘치는 전달력을 갖게 될 것이다.

방법 : 1. 주요한 부분에 동그라미 친다.
       2. 그 부분을 의도적으로 더 큰 소리로 읽어 보자.
       3. 주요한 부분 앞 /를 표시한다.
       4. / 부분에서 한 박자 쉬고 읽는다.

실습대본 :

출근길 우산 준비하셔야겠습니다.
오늘 아침 대체로 흐리겠고, 곳에 따라 비가 오겠는데요.
서울을 비롯한 중부지방 예상되는 비의 양
5에서 20밀리미터로 예상 됩니다.
양은 많지 않겠습니다.
날은 내일 오전부터 차차 맑아져
주말인 모레부터는 대체로 맑은 날씨를 보이겠습니다.
현재 아침기온 10도에서 12도 사이로 대부분 지방 쌀쌀하게 시작했는데요.
한낮에도 기온은 크게 오르지 않겠습니다.
낮 최고기온 13도에서 15도 안팎의 기온이 예상됩니다.
비가 오면서 갑자기 쌀쌀해진 날씨에 건강 관리 잘 하시기 바랍니다.
날씨였습니다.

하루 10분 이미지 트레이닝 체크표

목적 : 상대에게 보내는 나의 신체 언어 메시지(비언어적 표현) 연습을 통해 효과적인 의사표현법을 몸에 익힌다. 특히 대중 앞에서 연설하거나, 프레젠테이션을 해야 하는 경우에 효과적이다.

방법 :

1. 대본 가운데 중요한 부분에 손동작을 체크해 둔다.
(아래 '손동작 예시 ㉠~㉣' 중에 하나를 고르거나, 새로운 동작을 모색해보자.)

2. 대본 내용에 따라 나의 표정에 변화를 줘야 할 곳을 체크한다.

3. 실전 연습에 들어간다.

4. 어깨를 펴고 자신감 있는 자세로 선다.

5. 앞을 바라보며 살짝 미소 띤 얼굴로 대중을 바라본다.

6. 체크한 부분에 손동작과 표정을 연습한다.

7. 몸이 익숙해 질 때까지 반복 또 반복한다.

가장 많이 사용하는 손동작

㉠ 오른손을 앞으로 내민다. 이 때 청중에게 손바닥이 살짝 보이는 느낌으로 자연스럽게 할 것! 가장 무난하게 사용할 수 있는 손동작이다.

㉡ 청중을 향하여 두 손을 앞으로 내민다.

㉢ 검지손가락을 세우고, 나머지 손가락을 살짝 오므린다. 첫째! 순서를 설명할 때나, 중요한 부분에 사용하면 좋다.

ⓔ 엄지와 검지를 살짝 붙인다. 요점을 강조할 때 사용하면 좋다.

★ Self 점검 포인트

1. 몸의 자세가 바른지 확인한다. 한쪽 발에 힘을 주고 삐딱하게 서지 않고 허리와 어깨를 펴고 당당하게 서자!

2. 표정은 어떠한지 거울을 보고 확인해보자. 살짝 미소 띤 호감 가는 얼굴을 지어보되, 가식적이고 불편한 느낌이 들어서는 안 된다! 내용상 무거운 주제나 감정을 표현해야 할 경우에는 표정도 내용에 알맞게 변화를 줘보자.

3. 눈빛은 어떠한지 살펴보자. 한 사람만 뚫어지게 응시하거나 째려보는 듯한 눈빛이 아니라 부드럽게 쳐다본다.

낭독 실습 대본

뉴스 원고

한인 과학자가 이끄는 국제 공동 연구팀이 세계 최초로 인공 중뇌를 만드는 데 성공했습니다.

연구진은 사람의 혈액에서 채취한 줄기세포를 '오가노이드(organoid)' 형태의 중뇌로 만들었고, 파킨슨병의 작동원리를 규명할 수 있는데 도움이 될 것이라고 말했습니다.

이번 실험연구를 통해, 뇌와 관련된 질병을 손쉽게 연구할 수 있을 것으로 내다보고 있습니다.

MC 원고

안녕하세요. 생방송, VJ가 간다! OOO입니다.

봄을 시샘하는 꽃샘추위가 한창이지만 어김없이 다가올 봄을 분주히 준비하는 사람들이 있습니다.

움츠렸던 도심지 녹지대 봄단장을 위해 봄꽃을 생산하는 사람들부터 봄마다 어김없이 찾아오는 꿀벌을 맞이하는 사람들, 봄맞이 대청소업체와 봄 인테리어를 준비하는 사람들까지…. 화사한 봄맞이 현장 속으로 지금부터 출발합니다.

DJ 원고

매일 보는 하늘이지만 똑같아 보이지 않는다.

사람의 감정도 마찬가지다.

매일 보는 것에 대해 느껴지는 것도 똑같지 않다.

당신이 함께 있기에 외롭지 않다 글 중에 한 글귀로 시작해 봤습니다.

안녕하세요. 정오의 희망곡 OOO입니다.

오늘 여러분의 감정은 맑음이나요? 흐림이나요?

흐림이라면 오늘 정오의 희망곡과 함께하면서 맑고 밝게 힘을 내보셨

으면 좋겠습니다. 여러분의 마음을 응원하는 의미에서 첫 곡 OOO 띄

어드립니다.

좋은 글

가끔 폭풍, 안개, 눈이 너를 괴롭힐 거야

그럴 때마다 너보다 먼저 그 길을 갔던 사람들을 생각해 봐

그들이 할 수 있다면, 너도 할 수 있어 라고!

– 생텍쥐페리의 '어린왕자' 중에서

참고 문헌

1. 『스티브 잡스의 프레젠테이션 멘토르』 김경태 지음

2. 『대화의 연금술 평단』 이동연 지음

3. 『부모와 아이의 마음을 통하게 하는 부모의 심리학』 이보연 저, 21세기북스

4. 『어떻게 말할까』 로버트볼튼 지음, 페가수스

5. 『함부로 말하는 사람과 대화하는 법』 샘혼지음/이상원 옮김, 갈매나무

6. 『인간관계 명품의 법칙』 최광선 지음, 리더북스

7. 『성공하는 직장인은 대화법이 다르다』 이정숙 지음, 더난

8. 『나는 유독 그 사람이 힘들다』 베르벨 바르데츠키 지음, 와이즈베리

9. 『리더는 업무지시가 반이다』 박혁종 지음, 시대인

10. 『삼일문화 주관지』 예스31

11. 『명강의 무작정 따라하기』 더그 스티븐슨 지음, 임지은 옮김, 길벗

지금까지 이 글을 읽어주신 모든 분들께

진심으로 감사의 말씀을 드리며

3M 법칙으로 날마다 행복해 지시길 기원드립니다.

대한민국 스피치 최고수 이주진의 선샤인스피치:
말을 잘하는 법? 3M 법칙만 기억하라

초판 인쇄 | 2016년 12월 5일
초판 발행 | 2016년 12월 7일

지은이 | 이주진
펴낸곳 | 출판이안

펴낸이 | 이인환
등 록 | 2010년 제2010-4호
편 집 | 이도경, 김민주
주 소 | 경기도 이천시 호법면 단천리 414-6
전 화 | 031)636-7464, 010-2538-8468
팩 스 | 070-8283-7467
인 쇄 | 세종피앤피
이메일 | yakyeo@hanmail.net

이 도서의 국립중앙도서관 출판시도서목록(CIP)은 서지
정보유통지원시스템 홈페이지(http://seoji.nl.go.kr)와 국
가자료공동목록시스템(http://www.nl.go.kr/kolisnet)에서
이용하실 수 있습니다.(CIP제어번호 : CIP 2016028500)

ISBN : 979-11-85772-38-7 (03320

값 13,800원